一遍

その鮮烈な生涯

望月宏山

22世紀アート

極楽寺の自坊にて
一遍上人が自らの手で彫られたと伝えられる
萬歳峰名号碑の拓本と共に

目次

その鮮烈な生涯　125

「一遍上人語録」を読む　185

旅に生きた「捨聖」

一遍智真という人

本日（一九九四年四月十三日）から六月二十二日にかけて六回、計九十時間の「旅に生きた『捨聖』一遍上人」講座を開きます。私は十二年前に朝日新聞大阪本社から京都カルチャーセンター開設のために、講座部長として出向し、以来、講座編成をしてまいりました。その間、中之島の本社で講座第一部長を二年ばかり勤めました。その講座部長、館長を通じて四百を越す講座をつくりましたが、いつも一遍上人の講座を編成したいと考えながら、望みを果たしませんでした。と申しますのは、父が亡くなる直前に、真如堂北側にある小さな寺の住職となり、新聞記者と二足のワラジをはくことになり、定年前に朝日カルチャーセンターへ出向したわけです。ただ、一遍上人の講座では、上人自身の知名度が低く、恐らくは赤字講座になるであろうことを思いますと、講座編成の担当者として、みすみす赤字が出ると分かっていながら、作ることが出来なかったのです。

この三月末でカルチャーセンターを退社することになったのを機会に、一遍上人の講座を開いてくれないかと、後任館長の現館長から要請があり、また、かねてから大学時代の恩師でもある元龍谷大学長、現在京都女子学園園長の二葉憲香先生（当時、九五年十一月に死去）から強いお勧めをいただき、講座をお引き受けした次第です。

私は学者ではありません。大学の卒業論文には「一遍上人と武士層の交流」をテーマに書いて、割り合い好評でした。当時は終戦後数年しか経っておらず、一遍上人や時衆についての研究は、ほとんどありませんでしたから苦労しました。あれから四十三年が経ちますが、その間の一遍上人および時衆研究の進展には目を見張るものがあります。

今回、講座をお引き受けするに当たって、もう一度、一から勉強し直すつもりで始めてみますと、そのことがよく分かります。ですから、私は一遍上人のお話をするというより、みなさんとともに一遍上人を勉強させていただこう、と念じております。なるべく難解な仏教用語を使わず、と言いましても、一遍上人語録を読みますと、しきりに専門用語が出て来て触れないわけにはいきませんが、でき得る限り、いま私たちが使っている言葉でお話をするつもりです。それから、この教室にお出でくださった皆さんは、初対面の方が大半です。当然のことながら、一遍上人に関心を持たれているからこそ、高い受講料を払ってお出かけくださったわけです。一人ひとりについて、どれほどご理解になっているか、私には分かりません。そこで、とにもかくにも、この講座は、少なくとも大阪管内での朝日カルチャーセンターでは初めての一遍上人に関する連続講座ですから、一遍上人については初めての方ばかりと想定して話を進めて行きたいと存じます。そんな初歩のことは知っている、とお思いの方もあろうかと存じますが、敢えて入門的な話から始めますのでお許し下さるようお願いします。また、この教室は元々は、語学用の小教室で、夏になると、朝から強い日差しがさし込み、室内温度が急上昇することがあります。気分が悪くなられたら、遠慮なくお申し出ください。それから時間は午後二時半〜四時となっていますが、この後は目下のところは六時すぎまで空いています。多少お話が四時をオーバーすることがあるかもしれません。用事のある方は、遠慮なくお帰りになってください。

さて、前口上が長くなりました。本日は初日ですから、一遍智真という人の概論的なお話をします。

一遍上人は一二三九年、日本の年号でいうと延応元年に道後温泉にほど近い現松山市道後で生まれます。父は河野水軍で知られる河野一族で、源平の合戦で源氏の水軍として活躍した河野通信の次男通広です。詳しい話は次回の「一遍上人の生涯Ⅰ」で述べますが、河野の本流に生まれました。このことは、一遍の思想形成に大きな影響があります。一遍は一二八九年、正応二年八月二十三日に満五十歳で亡くなります。

それでは、一遍上人の生きた時代というのは、一体どういう時代であったのでしょうか。

鎌倉時代は普通、源頼朝が征夷大将軍となり、幕府を開いた一一九二年（建久三年）から、鎌倉幕府が倒れた一三三三年（元弘三年）までの百四十一年間と考えられます。つまり、一遍は鎌倉時代に入って四十七年目に生まれ、鎌倉時代が終わり建武中興と呼ばれる室町期の始まる四十四年前に亡くなるわけです。まさに鎌倉という時代のど真中を生きたことになります。ともすると、私たちは鎌倉時代末期の人、という従来からいわれてきた既成概念に捉われ勝ちですが、なるほどその活躍期に入る、いわゆる熊野成道（文永十一年・三十六歳のとき）は一二七四年ですから、中期から後期にかけて活躍した宗教者ということにはなるでしょう。

そして、一遍の活躍した時代にどんな出来事があったか、ということも、彼を語るうえで重要なことだと思います。

日本独自といわれる専修念仏を主張した法然上人は一二一二年、建暦二年に没しています。一遍の生まれる二十七年前です。親鸞聖人は一二六二年の没ですから、一遍はこの年満二十三歳。一遍の父通広（出家して如仏）が死んで伊予へ帰り、還俗して家督を継いだのは翌弘長三年のことです。それまで一遍は師聖達《しょうたつ》の下にあり、九州太宰府で浄土教の勉強をしていますので、恐らく師聖達の叔父坊主に当たる親鸞の名前は聞いていたと思われますが、その著書を読んでいたかどうかは分かりません。聖達は法然の高弟のひとり浄土宗西山派開祖の証空上人の弟子です。従って法然から見れば一遍は孫弟子の弟子、親鸞からいえば同じ法然門下の証空の孫弟子に当たります。法然を専修念仏第一世代とすれば、親鸞や証空は第二世代、一遍は第四世代ということになるのです。

国内の政治を見ますと、幕府の執権は北条時頼から時宗の時代で、比較的安定していましたが、鎌倉では大火が起こったり、大地震があったりで、人心は動揺していました。そこへ降ってわいたような災難が起こり、日本中が大騒ぎになったのです。二回にわたる蒙古襲来です。一二六八年、一遍二十九歳の正月に、元の国王フビライの国書を持って使者が来日し、幕府はあわてて四国の御家人に動員令を発して蒙古襲来に備えさせ、朝廷も伊勢神宮に勅使を立てて祈るなど、物情騒然となります。そんななかで日蓮は捕らえられ、佐渡に流されるのです。文永十一年十月、元・高麗連合軍の三万数千は九百余艘の船で対馬を襲い、住民を虐殺して九州に攻め込んだ、いわゆる文永の役ですが、この時は元軍の毒矢や火薬に悩まされ、しかも一騎討ちが得意な武士たちは、元軍の集団戦法に押しまくられて筥崎八幡宮を焼かれる有様で、大敗北でした。ところが、元軍が船に引き揚げたその夜、暴風雨が吹いて撤退してしまった。文永十一年といえば一遍はこの年の夏、熊野本宮に詣でて熊野権現の霊夢により、有名な熊野成道を遂げています。二度目の襲来の弘安の役は文永の役後七年です。今度は幕府は前回に懲りて中国地方の御家人をも動員し、博多湾沿いに石築地を築いて襲来に備え、武士たちも海上でよく闘ったため、文永の役の際の約五倍に当たる計十四万人を投入した元・高麗連合軍は上陸できず、またまた大暴風雨に遇って潰滅しました。しかし、当時の人たちにとって、二度にわたる元寇は、現代の私たちの想像以上のショックだったと思われます。

いま私たちは、惨い、酷いと書いて「ムゴい」と読みます。残酷とか無慈悲、いたましいという意味に使いますが、実はその語源は「蒙古」ムーゴーから出ているのだといわれています。対馬や壱岐を侵した蒙古、高麗軍は、捕らえた住民を虐殺したばかりか、掌に穴をあけて紐を通し、船の舷側に数珠つなぎにしてぶら下げ、日本軍の襲撃を逃れようとしたという話が伝えられていますし、当時の子どもたちは「ムクリ、コクリが来るぞ」といわれると、ぴたりと泣きやんだとも伝承されています。いかに当時の人たちが蒙古軍を怖がったか、よく分かります。私たちも敗戦直後、進駐軍にどんなことをされるか、おびえた時期がありました。七百年前の人たちは、異国人をまったく知らず、情報もなかったので、どんなに怖かったことでしょう。その人心の不安感が、その後の一遍上人の活動と深く関わって来るように思われます。

　また、資料としては確認できてはいませんが、一遍上人は先ほど述べました通り、道後温泉の出身です。温泉といえば、戦いで傷ついた人たちの治療に温泉療法は非常に大きな効果をあげます。大分県の別府へ行きますと、いまも一遍上人が開いたという温泉熱を利用した蒸し風呂があり、大分市営になっています。蒸し風呂の入り口には上人の像が立っていて、入浴者はその像を拝んでから入るようになっているのです。毎年四月に行われる温泉まつりでは、時宗の寺に伝えられている上人の木像を温泉へ運び、お木像に湯をかけて感謝する行事がいまも残っています。元寇では沢山の負傷者が出たでしょうから、一遍上人の指導で負傷者を療養させたという推定は、決して荒唐無稽とはいえないでしょう。そういえば、一遍上人に深く帰依した豊後国（大分県）の守護大友頼泰は、弘安の役の総奉行でした。また、この元寇に、一遍の甥とも従弟ともいわれる河野通有が奮戦し、その功によって、通信以来悲運にあった河野家が再び立ち直った話は、戦前の教科書などにも書かれています。

　元寇は、一遍上人の生涯のなかで、最大の大事件なのに、どうしたことか、上人の一生を描いた国宝「一遍聖絵」にもまったく触れられていません。作者である聖戒が、どうしてネぐってしまったのか、最大の謎です。書かれていれば、日本の社会福祉事業の草分けとしての一遍上人の横顔が浮かび上がっていたはずですのに。

一遍上人の特徴といえば、遊行と念仏札の賦算、お札配りと踊り念仏、宗門では踊躍《ゆやく》念仏と呼んでいますが、この三点であります。いずれも彼が念仏をすべての人たちに称えてもらいたい、結縁したい、という願いから始めたことです。

まず「遊行」です。文永十一年二月、先ほどの文永の役のところでも申し上げましたが、故郷を後にして四天王寺へ参ります。同行は妻、または側室であろうと両説のある超一房とその娘超二房、下女と思われる念仏房の女性三人です。聖絵では超一は若くて美しい女性ですが、超二はまだ十歳ぐらいのいたいけない少女です。どうして、こんな小さい子を連れて、と不思議ですが、深いわけがあったことだけは確かでしょう。一遍、このときはまだ一遍とは名乗っていませんが、彼も恐らく悩みに悩んだすえの決断だったと思われます。ですから、熊野にお参りしたあと、「いまはおもふやうありて、同行等をもはなちすてつ」と故郷へ手紙を送っています。「放ち捨てつ」という厳しい言葉のなかに、並々ならぬ一遍の決意がうかがわれ、それだけ、この二人との別離は辛かったに違いありません。

四天王寺から高野山を経て熊野本宮へ参り、ここで熊野権現から「御房のすゝめによりて一切衆生はじめて往生すべきにあらず。阿弥陀仏の十劫正覚に一切衆生の往生は南無阿弥陀仏と決定するところ也。信不信をえらばず、浄不浄をきらはず、その札をくばるべし」と啓示を受け、念仏札のお札配りが間違っていなかったこと、信じるこころがなくとも、名号を称えれば往生できること、不浄といわれていた女性であっても、あるいは世間から不浄の者と差別されていた障害者や、職業により差別されていた人たちであっても、すべては名号の前には平等で救済に預ることができる、と確信したわけです。これが一遍の悟りであり、この後、自ら一遍と名乗り、同行の女性を伊予へ帰して独り遊行の旅に出ます。

「遊行」という言葉を仏教大辞典で引いてみますと「遍歴修行すること。各地をめぐり歩いて説法教化すること」とあります。釈尊が成道されたのち、インド各地をめぐって説法されたのは有名ですが、一遍の心の中には、そうした釈尊のお姿があったのかも知れません。

一遍上人の遊行の旅は十六年間に及び、北は奥州江刺（現岩手県北上市）から、南は大隅半島の鹿児島市にまで及んでいます。とくに私たちが感動しますのは、初めただ独りで遊行したころは供養してくれる人もなく、食べる物もないまま野宿を重ね、見かねた僧から七条の袈裟の破れたものをもらい、腰に巻きつけて歩いたという、まさに放浪の乞食僧そのままといった苦労を重ねながら、弘安七年、四十六歳の年に京へ入り、四条釈迦堂で踊り念仏を修したときには、貴賤を問わぬ群集が押し寄せて、身動きもできぬ有様となりました。以来、一遍上人は阿弥陀如来の代官である、などという人さえ出て来てブーム状態になり、一遍の行くところ、雲のような群集がついて回る有様でした。一遍はかくて功なり名とげ、しかも多年の体力の酷使から体調を崩し、二ヵ月ばかり桂で病の床に伏すのです。普通なら、ここに寺を建て止住するところでしょうが、病気がよくなると、再び旅に出ます。身に一塵を蓄えず、金品に手を觸れず、ぜいたくな衣類を肌に通すこともなく、病気で体力が衰えているのに、ただひたすら念仏を勧める遊行の旅を続け、最後に兵庫の観音堂で倒れ、弟子たちが称える六時礼讃のうちの晨朝の礼讃の懺悔の帰三宝の大合唱を聞きながら「出入りのいきかよひ給ふも見えず」八月二十三日辰之刻午前七時ごろ、眠るが如く大往生を遂げられたのです。

「念仏札」というのは、名号の下に六十万人決定《けつじょう》往生と板木に彫った念仏札で、一遍上人はこの札をあらゆる人に配り、念仏を勧進したわけです。六十万人というのは単なる数字ではなくて、一遍上人が熊野成道のときに作られた

六字名号一遍法　（六字名号は一遍の法なり）
十界依正一遍体　（十界の依正は一遍の体なり）
万行離念一遍証　（万行離念して一遍を証す）
人中上々妙好華　（人中上々の妙好華なり）

という、六十万人頌の頭文字をとったもので、六十万人が来たら、また一から数え直すのです。いまも藤沢の総本山清浄光寺におられる遊行上人、現在は七十三代の一雲上人が地方に出られた際には、この念仏札を配られます。いまでも、このお札をいただくと、極楽に往生できると固く信じている人たちは多いのです。

踊り念仏は、一遍上人が常に「わが先達」と尊敬していた空也上人が京の市屋、市場などで踊っておられたといいますから、平安時代には念仏を称えつつ踊ることはあったわけです。当然、一遍上人は早くからそのことを知っていたはずなのに、なぜか弘安二年の歳末に信州佐久市で初めて踊り出すのです。四十一歳でした。どうして弘安二年だったのか、聖絵などにも確かな説明はありませんが、実はこの佐久には承久の乱の際、父通信とともに朝廷方につき、その罪で流されてこの地で死んだ一遍の叔父通末の墓があり、その鎮魂のために踊ったのかもしれません。

聖絵には武士の屋形の縁先で食器の鉢のようなものを叩く一遍と、庭先で踊る時衆や在俗の人たちが描かれています。みな恍惚として、足を上げ、踊るというより飛びはねているように見えます。それは文字通り踊躍歓喜、念仏の歓びに踊らずにはおれない、といった風情に見えます。このとき、自然発生的に踊られたものであることが、よく分かります。

現在、時宗で伝えている踊躍念仏は、飛びはねるといった躍動感はなく、動作は極端に抑制しているものです。長い間に踊りのエネルギーが消え去って、形式に堕しているわけです。同時に初期のころ「騒がしきこと山猿に異ならず」とか「男女その根をかくさず」といった旧仏教側からの攻撃に対し、自主規制した結果でもあったのでしょう。

私は最近、佐久市の跡部《あとべ》という地区の浄土宗寺院に残っている踊り念仏の記録映画を見ました。一遍上人の踊り念仏の原形を最もよく残している、といわれている踊りです。大きな板塔婆に仏さんの名前を書いて、四角な囲いをつくり、踊り手は発心門と書かれたたったひとつの入り口から踊りながらひとりずつ、囲いのなかへ入ります。首から金磬を下げそれを叩いて曲のついた念仏を称え、肩をゆすり、ぴょんぴょんはねて踊ります。囲いのなかに大太鼓の叩き手がいて、音頭をとるのですが、やがて踊り手はひとりずつ踊りながら、入ってきた門から外に出て、全員が出てしまうと踊りは終わります。十人ばかりの踊り手は全員、その寺の檀家のようでした。囲いのなかで踊っている間は、無我夢中で、外へ出ると、棺桶から出てきた気分、と話していました。

一遍の集団は、やがて踊り念仏をひとつの行儀として、しきりに踊り出します。踊る方も、見る側も念仏を称え、やがては念仏の大合唱となり、法悦の境にひたる。蒙古がまた、いつ攻めてくるかも知れない、という社会不安のなかで、人々は心の安らぎを求めて踊り念仏に殺到し、その人たちに、一遍は札配りをします。

最近、中世の遺跡を掘りましたら、村の中心部に広場があり、小屋の柱穴らしいものが出てきました。恐らく踊り念仏のための小屋のものであろう、と推定されています。踊り念仏は、事あるごとに行われたらしいといわれています。それほど、中世人は踊り念仏に熱狂したのです。

次回四月二十七日には、「一遍上人の生涯Ⅰ」その次の五月十一日には「生涯Ⅱ」をお話します。これにはどうしても、先ほど申し上げた国宝「一遍聖絵」がテキストとして必要なのですが、角川書店、中央公論などから出版されているものは豪華本で値段が高く、第一、手に入りにくいのです。私の持っている本をOPCで拡大する方法はありますが、何分にも鮮明度が悪いので、かえって分かりにくくなる恐れがあります。そこで、昨年十一月に出版された朝日新聞社発行の「朝日百科・日本の歴史別冊・歴史を読みなおす」第十巻「中世を旅する人々―一遍聖絵とともに」(九八〇円)を参考書として使いたいと思います。絶対に必要というわけではありません。この一冊は、聖絵に描かれた鎌倉期の人たちの旅姿に焦点が当てられており、私たちが求めている一遍上人の姿には、必ずしもピントが合わされていないのです。しかし、聖絵の主たる部分は大体掲載されていますので、よければお買いください。駸々堂本店の正面入口を入ると向かって左側に雑誌が並んでいます。階段を二段ばかり上がり、数メートル真直ぐ奥へ入った左側の棚にあります。すでに七冊が発行されているうちの第十巻です。よく確認してお買い下さい。

一遍上人の生涯　I

これから二回にわたって、一遍上人の生涯を追って行きます。前回、一遍の生きていた時代について、かなりの時間を費やしましたが、これは一遍という人を理解していくうえで、彼が育った時代を離れては、難しいばかりでなく、われわれはどうしても現代の感覚で理解しようとしてしまいます。分からないばかりでなく、誤って解釈してしまうところが少なくありません。

たとえば、前回質問も出ました一遍の神祇観。この時代、仏が神という姿をかりて、日本に現われた。つまり本地は仏、菩薩で神はその垂迹であり、衆生を救うために仮りの姿を現わした、という思想が深く浸透していました。一遍はしかも河野という日本の総鎮守・大三島の大山祇《おおやまづみ》神社の大祝の一族出身ですから、本地垂迹を堅く信じて疑わず、後年、門弟たちに与えた「時衆制誡」の十八項目の守るべき条々の冒頭に「専ら神明の威を仰ぎて、本地の徳を軽んずることなかれ」といっています。考えてみますと、冒頭の条文は次の「専ら仏法僧を念じて、感応の力を忘るることなかれ」でもよいし、三番目の「専ら称名行を修して、余の雑行を勤むることなかれ」でもよいように思われますが、一遍はなにはさておいても、門弟たちに「神明の威を仰ぎ、本地の徳を軽んじてはならぬ」と伝え、守らせたかったと考えられます。だからこそ、信心の心を持たぬ人にまで、念仏札を配るべきかどうか、人生最大の障壁にぶつかったとき、阿弥陀仏を本地とする熊野権現の証誠殿に参籠し、啓示を祈りました。一遍という人を理解するうえで、この神祇観は最大のキーポイントといっても過言ではありません。

さて、本題の一遍上人の生涯ですが、一遍の足跡をたどる最大の資料は、先日来、繰り返して名前の出てくる、国宝「一遍聖絵」全十二巻ともうひとつ「遊行上人縁起絵」全十巻の二本がありまます。ともに絵巻物で、遊行上人縁起絵は「一遍上人絵詞伝《えしでん》」とも呼ばれます。聖絵が一遍の異母弟、または甥、実子といわれる六条道場の開山・聖戒が、一遍没後十年目の正安元年（一二九九）に完成させたもので、法眼円伊が書いたとされてきましたが、最近の研究では、三、四人の絵師によって描かれたことが指摘されています。円伊はグループの総合プロデューサーだったのかもしれません。しかし、その描写は極めて写実的で、近年、そのことがますます証明されています。従って聖絵に描かれている一遍とその弟子たちの行状だけでなく、画面に登場する中世の社会、風俗や人々の暮らし、社寺や旧跡の光景など、あらゆる面にわたって研究がなされ、ついに一九九〇年には一遍研究会が中世史の若手研究者によってスタートするにいたりました。九十三年一月に「ありな書房」から同研究会により「一遍聖絵と中世の光景」という本が出版されています。

一方の「遊行上人縁起絵」つまり絵詞伝は、一遍の後継者、他阿弥陀仏真教、宗門では二祖上人と呼んでいますが、その弟子の平宗俊が編述した絵巻で、徳治二年（一三〇七）以前のさほど遠くないころに作られたといわれます。絵詞伝は、聖絵から七～八年ばかり遅れて成立したことになります。写本を含め、現在残っているもの、知られているものの一覧をゼロックスしておいたのでご覧ください。

両絵巻の最大の違いは、聖絵が全巻、一遍上人のことのみをテーマとしているのに対し、絵詞伝は前半の四巻は一遍、後半の六巻は他阿真教の伝にあてています。一遍の没後、近親者とみられる聖戒と門弟のNo1、真教との間に教団の後継をめぐって対立があったらしく、聖絵には聖戒と一遍の〝特別の関係〟をことさらに強調しようとする意図が感じられ、絵詞伝は門弟第一号としての真教が、いかに一遍の正統を継ぎ、教化活動に心胆を砕いたかを強調しています。二つの絵巻は、一遍の行跡について、しばしば記述が違っていますが、何といっても聖絵は成立年代が、一遍在世のころに近いことなどから、どちらかといえば聖絵の記述に信憑性があるように思われますので、聖絵に比重をかけながら、話を進めます。

一遍上人は延応元年（一二三九）に伊予の豪族、河野水軍の棟梁河野家に生まれました。父の名は河野七郎通広といい、源平の合戦で活躍した四郎通信の五男です。従って幼名を次男松寿丸と名乗った一遍は、河野通信の孫に当たります。松寿丸が生まれたころの河野家は、非運のどん底でした。その生まれる十八年前に承久の乱が起こり、河野家は通信以下、息子たちのほとんどが後鳥羽上皇らの朝廷方についたため、一族百四十九人が持っていた所領五十三ヵ所、公田六十余町を没収され、通信はじめ主だった人たちは、斬られるか配流されて潰滅状態でした。わずかに通信の息子のうち通久だけは幕府方についた功により、乱後、恩賞として阿波国富田荘および伊予国温泉郡石井郷を与えられています。通久の孫が蒙古襲来の際に勇戦奮闘した河野通有で、通有は一遍の従兄の弟といわれています。

河野家系譜

- 為世
  - 為時
    - 時高
      - 為綱
        - 宗綱
        - 親孝
          - 親経
            - 親清
              - 通清
                - 通信
                  - 通俊
                    - 通秀
                  - 通政
                    - 政氏
                    - 通行
                  - 通末
                  - 通久
                    - 通時
                    - 通継
                      - 通有
                      - 通氏
                      - 通泰
                    - 通行
                    - 通盛
                  - 通広
                    - 通朝
                    - 智真（一遍）
                    - 伊豆房（仙阿）
                    - 通定（聖戒）
                  - 通宗
                - 通孝
                - 通経

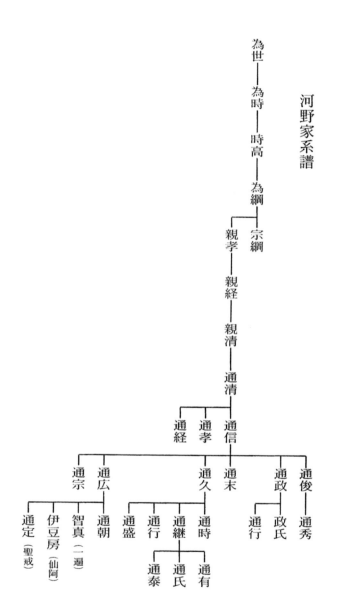

話は戻って、承久の乱で明暗を分けた通信の息子たちのうち、一遍の父通広だけは、上皇か幕府かどちらに味方したのか去就がはっきりしません。若いころに大番役として京都にのぼり、法然の弟子証空上人の元で如仏と号してのちに一遍の師になる聖達や華台らと、西山義の勉強をしていたようです。通広はおそらく、早い時期に出家し、承久の乱のころにも宗教活動をしていたため、所領を没収されずにすんだというのが有力な説であります。河野家は水軍なので船をかなり多く配下としていたので、所領は失っても、船を使っての輸送や交易で、経済的には裕福だったとみられます。松寿丸数えて十歳の年に母が亡くなり、父の命で出家、十三歳で九州太宰府のかつての父の兄弟弟子、聖達のもとへ弟子入りします。聖絵の冒頭の絵は、随縁と名乗っていた一遍が、故郷のわが家を後にして九州へ旅立つ場面から始まります（「中世を旅する人々」3ページ左上）。

随縁のうえに十五歳と書き入れがあるのは、後世誤って書いたものらしく、先導の僧には「善入」と書き入れがあります。画面右手で一行を見送る一団は俗縁につながる人たちで、縁先に座っている人物がおそらく父通広で、このころは還俗していたとみられます。庭先の僧形の人は随縁を出家させた戒師で、継教寺の縁教という人ではないでしょうか。庭には着飾った少年が描かれています。グラビアでは分かりにくいですが、非常にていねいに描かれていますので、これが異母弟といわれる聖戒ではないか、と埼玉大学の兵藤裕己助教授などは想定されています。兵藤氏はまた、河野家の人たちの視線が、見送られる随縁ではなく、聖戒に集まっている点を指摘して、この画面の背景には、継母と継子と本子の「物語」があるといっています。とすると、父通広の右側に座っている女性は、聖戒の母親ということになりますが、聖絵を代々伝えてきた六条道場歓喜光寺にある「開山弥阿上人行状」によれば、一遍と聖戒は二十二歳違いとなっていますので、それが正しいとすれば、この絵の聖戒は随縁とはさほど違わぬ年齢に見えます。聖戒が編集をした聖絵で、年齢を間違えて書くなどとは考えにくいので、「開山弥阿上人行状」は史実性に乏しいことになります。もっともこの「弥阿上人行状」なるものは、後世、偽作されたという説が有力で、第一、聖戒が弥阿と名乗ったことはない、というのが最近の定説です。

ところで、聖達は当時、九州太宰府の原山というところに禅室を構えていました。太宰府は当時、宋への日本の玄関口で、新しい中国文化がどんどん入ってきますし、中国留学の人たちも出入りして、文化の最先端の地でありました。通広が聖達に随縁を托した理由のひとつは、もちろん、かつて証空の元でともに学んだ同門ということもありますが、比叡山より先端の思想、文化に触れることが出来たなどの事情もあったと考えられます。

聖達は「学問のためならば、浄土教の章疏文字よみをしてきたるべきよし、示し給ふによりて、ひとり出て肥前国清水の華台上人の御もとにもうで給ひき」（「中世を旅する人々」25ページ図1）。華台は話をきいて「さては、昔の同朋の弟子にこそ、往事いまだわすれず、旧好いとむつまじ。さらばこの処に居住あるべし」と歓迎し、随縁という名はよくないので智真に改めなさい、と、以来智真と名乗るようになりました。二年ばかり学問をするうちに「天性聡明にして、幼敏ともがらに過ぎたり。上人気骨をかがみ、意気を察して『法栈のものに侍り。はやく浄教の秘賾をさづけらるべし』とて、十六歳の春、又、聖達上人の御もとにおくりつかはされ給ひけり」

建長四年春のころから前後十二年間、聖達上人のもとで浄土教の奥義を勉強するうち、弘長三年癸亥（一二六三）五月、父如仏が亡くなったので、故郷の伊予へ帰りました。

「そののち或は真門をひらきて勤行…『ここに、はじめて、心にあたて生死のことはりを思ひしり、仏法のむねをえたりき』とかたり給ひき」

一遍の再出家には、古来、諸説があります。聖絵では「聖としかとは、里にひさしくありては難にあふといへる風情もおもひあはせらるゝ事あり」と、かなり思わせぶりな表現をしています。実は絵詞伝には、この部分に次のような出来事を書いています。「建長年中に法師に成りて学問などありけるころ、親類の中に遺恨をさしはさむ事ありて殺害せむとしけるに、疵をこうぶりながら、かたきの太刀をうばひとりて命はたすかりけり、発心の始、此の事なりけるとかや」。第一段に描かれた絵では刀や鎧などで武装した三人の侍が一遍に斬りかかり、衣に袈裟姿の一遍は、一人の刀を奪って、逃げようとしている場面になっています。神奈川県相模原市当麻の無量光寺に伝わる一遍上人の木像の頭には刀疵の跡がわざわざ彫られているそうです。また一遍上人年略譜は「一遍上人三十七歳、師の兄通真死す。故に師の弟通政家督を領す。親類の中、謀計ありて、其の家督を領し押へんと欲す。先ず師を害せんと欲し、師疵を被うぶりながら、敏かに奪い取り遁る」と書いて、絵詞伝とほぼ同じ記述をしています。ただし、年略譜は一遍没後二百年余後の慶長（一六〇〇年）ごろに書かれたとみられていて、信頼性はうすいと思います。年略譜はまた文永十年のこととして「親類の中に二妾を愛するものあり。あるとき昼寝ねたるに、二妾の髪毛、小蛇となりて喰ひ合ふ。師これを見て、恩愛嫉妬の畏るべきを感ず」と記しています。この話は「北条九代記」巻十にも書かれていて、近世には広く信じられていたようです。

聖絵がこの辺のところをぼやかしているのは、河野家の内紛なので、あからさまにしにくかった事情もありそうです。最も最近の研究では、ちょうど一遍が故郷へ帰っていたそのころとほぼ同じ文永四年から九年にかけて、河野通久の息子、孫たちの間で、女性問題もからめて所領争いが起きていたことが、文永九年十二月の関東下知状案によって明らかにされました。もうひとつ文永四年（一二六七）という年は、八月に蒙古王の督促を受けた高麗王が日本へ使者を送ってきました。使節は翌五年一月に太宰府へ到着し、二月には讃岐の御家人に蒙古来襲の警戒を命じています。当然、水軍を持つ河野一族にも動員令がかかったでしょうから、いわばいざ出陣の物情騒然たる緊張状態があったと考えられます。どさくさのなかで所領争いなどが起こりやすかったことも背景にはあった、との説もあります。絵詞伝や年譜略の話は、この実際に起こった事件とどう関わってくるのか、興味深いものがあります。

一遍の再出家はその生涯のなかでも重要な出来事のひとつですし、謎の多い生涯のなかで、色々な意味で興味を集めているので、やや詳しく話をしました。

一遍上人の生涯　II

一遍が故郷へ帰り、父の跡目を継いで在俗生活をしましたのは、弘長三年（一二六三）から文永八年（一二七一）までの八年間でした。文永八年春、一遍は信濃国善光寺へ参籠します（「中世を旅する人々」8ページの図2、26ページの図3）。善光寺阿弥陀如来は天竺の霊像、生身の仏と信じられていました。一遍は再出発に当たって生身の阿弥陀仏から直接教えをこうぶりたいと考えたに違いありません。

一遍はこのとき「己証の法門を顕はし、二河の本尊を図したまへりき」といい、自ら二河白道《にがびゃくどう》の図を描いてその年の秋、伊予の窪寺というところで庵を構え、東の壁に例の二河白道の図を掛け、万事を投げ捨てて三年間、念仏三昧に入りました。二河白道とは中国の善導大師が観経疏という本に示された教説で、その時、己心領解の法門（悟られた法門）として七言の頌をつくったのが十一不二証《ふにしょう》の頌です。この十一不二頌はすでに善光寺で一遍の心のなかに芽生えていたもので「己証の法門」といったのは十一不二頌に表わされた思想であったと思われます。窪寺の三年間にその考えが熟成されて七言の頌になった。一遍の第一回目の悟りは善光寺であった、といわれる所以であります。

十一不二頌

十劫正覚衆生界　（十却正覚は衆生界のためなり）
一念往生弥陀国　（一念に往生す弥陀の国）
十一不二証無生　（十と一とは不二にして無生を証し）
国界平等座大会　（国と界とは平等にして大会に坐す）

弥陀の本願　大無量寿経巻上
「往昔国王アリ、世自在王仏ノ説法ヲ聞キテ道意ヲ起コシ、国ヲ捨テ王位ヲ捨テテ行ジテ沙門トナリ、号シテ法蔵トイヒ、世自在王仏ノ所ニオイテ二百十億ノ仏土ヲ都見シ、五劫ノ思惟ヲ重ネテ四十八ノ大願ヲ建立シ、不可思議兆裁永劫ノ訓練修道ヲ貫キ、十劫ノ昔ニ正覚成道シタル浄土ヲ極楽ト名付ケ、身自ラ阿弥陀仏トナリテソノ土ニ住シ、現ニ説法利生ニ従事ストイフ。而シテ一切ノ衆生コノ仏ニ帰命シテソノ名号ヲ称フレバ、彼ノ仏ノ願力ニ乗ジテ決定シテ往生ヲ得トナス」
十八願（王本願、念仏往生ノ願）
「設我得仏　十方衆生　至心信楽
欲生我国　乃至十念　苦不生者
不取正覚　唯除五逆　誹謗正法」
［三心］
浄土往生するのに必要な三つの条件。
浄土を願う至誠心。
深く浄土を願う深心。
所修の功徳を廻向して往生しようと願う廻向発願心。

観経に「若シ衆生アリテ彼ノ国ニ生ゼンコトヲ願ハン者ハ、三種ノ心ヲ発サバ即チ往生セン。何ヲカ三心トナス。一ニハ至誠心、二ニハ深心、三ニハ廻向発願心、三心具足スル者ハ必ズ彼ノ国ニ生ズ」

［五逆］

父を殺す、母を殺す、阿羅漢を殺す、仏身より血を流す、僧団を破壊する。

［劫］

印度では梵天の一日、人間の四億三千二百万年数えられない長い年月を指す。

芥子劫＝四十里四方の城に芥子を充満し百年に一度取り出しても尽きぬ長い時間。

盤石劫＝四十里四方の大岩を百年に一度薄い衣で撫で、石がすり減ってなくなっても尽きぬ長時間。

続いて一遍は伊予・浮穴郡の菅生の岩屋に参籠します（「中世を旅する人々」56～57ページ図6）。ここには三十三もの奇巌・高峰がそびえ、それぞれの頂上に社が建っています。一遍は不動明王を証誠として苦修練行し正覚を得た、と聖絵には書かれています。このとき、聖戒は一遍にひとり随逐し、行化をたすけたといいます。そして「舎宅田園をなげすて、恩愛眷属を離れて、堂舎をば法界の三宝に施与」する捨聖としての決意を固めたうえで、遊行の旅に出るのです。窪寺や菅生の岩屋での修行は、極めて密教的といえます。一遍の信仰のなかに密教的要素が感じとれるのは、こうした背景によると思われます。

一遍は自力を否定するのですけれど、語録巻下十八（８３ページ）には「自力他力は初門の事なり。自他の位を打捨て、唯一念、仏になるを他力とはいふなり。熊野権現の『信不信をいはず、有罪無罪を論ぜず、南無阿弥陀仏が往生するぞ』と示現し給ひし時より、法師は領解して、自力の我執を打捨たりと。これは常の仰せなり」とあり、自力・他力を超えたところに一遍の念仏があることを表明しています。一遍が熊野権現の示現に出会うまでには、なお一年の月日が必要でした。

一遍が遊行の旅にのぼったのは、文永十一年二月八日でした（「中世を旅する人々」１０ページ図３、６６ページ図６）。同行は妻とみられる超一房、その娘超二房、下女の念仏房ですが、念仏房については、その体格からみて男だという人もいます。時衆では男には阿弥陀仏号の阿号をつけ、女は弌、もしくは房号をつけます。現在もこの形は守られているところから、念仏房を女性としますが、初期のころは必ずしも決まっていなかったろうと考えられます。

聖戒は数日間同行したのち、師弟の約をむすび、「臨終の時は必ずめぐりあふべし」と約束して別れました。三人はまず摂津国四天王寺に詣でました（同１１ページ図４、２６ページ図４）。四天王寺の西門（同58～9ページ図1）は極楽の東門といわれ、常に多くの人で賑わっています。一遍は西大門の下で初めて念仏札を配り、賦算を始めます。念仏札は高野聖が始めたといわれますが、一遍は往生の証しとしてこの札を配ることによって、民衆に念仏を称えさせようと考えたのでしょう。続いて弘法大師が、いまなお生きて修行しておられるという高野山へ登ります。高野山は女人禁制ですから、女三人は女人堂に泊まったのでしょうか。

六月、一行は熊野路に入りました。高野山から熊野へは紀伊半島の山々を越えて、直接熊野へ入る高野街道がありますが、一行は、いったん海岸へ出て、藤代、切目王子などを経て中辺路をたどります。滝尻王子から熊野の御山に入り、十丈王子から逢坂王子を経て発心門、伏拝王子を抜け、熊野本宮へたどりつく、いわゆる正統的な中辺路コースです（同11ページ図5）。その途中で一遍はひとりの僧に出会います。

聖絵によりますと、その僧は二人の上臈と三人の従者を連れているように見えます。例によって「一念の信をおこして南無阿弥陀仏ととなへて、このふだを受け給ふべし」というと、僧は「いま一念の信心おこり侍らず。うけば妄語なるべし」といって受けず、一遍が「仏教を信ずる心おはしまさずや。などかうけ給はざるべき」。僧いわく「経教をうたがはずといへども、信心のおこらざる事は力及ばざる事なり」と。後ろから数人の熊野まいりの人たちが集まってきましたので、この僧が受けなければ皆受けないだろうと思い「信心おころずとも受け給へ」と無理やり押しつけました。これを見て熊野もうでの人たちはすべて受けました。「僧はゆくかたを知らず」と聖絵は記し、画面の僧の頭の上に「権現」と書き入れています。つまり権現が僧に姿を変えて現われ、一遍に難問を突きつけ、悟りのきっかけを作ったと当時の人は考えたのでしょう。絵詞伝では、この僧を律僧としていますが、いわれてみれば、僧のいうことにも道理があります。

四天王寺で初めて賦算をして二ヵ月ばかり。初めて大きな壁にぶつかった一遍は「勧進のおもむき、冥慮を仰ぐべし」とその夜、本宮証誠殿の前で願意を祈請し、「目をとぢていまだまどろまざるに、御殿の御戸をおしひらきて、白髪なる山臥の長頭巾かけて出で給ふ。長床には山臥三百人ばかり首を地につけて礼敬したてまつる」(同11ページ図6)。いよいよクライマックスです。「かの山臥、ひじりのまへにあゆみより給ひての給はく、『融通念仏すゝむる聖、いかに念仏をばあしくすゝめらるゝぞ。御房のすゝめによりて、一切衆生はじめて往生すべきにあらず。阿弥陀仏の十劫正覚に一切衆生の往生は南無阿弥陀仏と決定するところ也。信不信をえらばず、浄不浄をきらはず、その札をくばるべし』としめし給ふ。後に目をひらきて見給ひければ、十二三ばかりなる童子百人ばかり来たりて、手をさゝげて『その念仏受けむ』といひて札をとりて『南無阿弥陀仏』と申していづちともなくさりにけり」。童子百人ばかり、というのは九十九王子のこと。一遍はこの後、有名な六十万人偈と六字無生頌を作りました。ここに一遍の信仰の確信は揺るがぬものとなり、彼は偈のなかの「一遍」の字をとって、以後一遍を称するようになります。

六十万人頌

六字名号一遍法
十界依正一遍体
万行離念一遍証
人中上々妙好華

六字の名号は、あらゆる仏の教えをおさめた、絶対の教えである。現世に生きとし生けるものはすべて善悪邪正もろともに、この名号の徳に照らされたとき、その身は仏の本体と同一になる。しかもすべての修行は名号のなかに包まれているから、おのれのはからいを捨て、名号さえとなえれば絶対不二の悟りを得ることができる。このようにして、名号をとなえ、悟りを得た人こそ、人間のなかの上々人であり、泥中から咲き出した、清浄な白蓮華の花のような人といえる。

ここで、融通念仏の説明をしておきます。融通念仏は比叡山麓大原の里に住んでいた平安時代後期の天台僧良忍が永久五年（一一一七）に阿弥陀如来から直接授けられたといわれる「一人一切人、一切人一人、一行一切行、一切行一行、是名他力往生」の思想です。つまり自分の念仏は一切の人に融通し、また一切の人が称える念仏は自分に融通する。同じく一人の行は一切の人の行になり、一切人の行は一人の行となる。従って一人が往生すれば、一切の人も往生することになるわけで、この考え方は鎌倉時代のこのころには広く信じられていました。良忍といえば六時礼讃などの声明を日本風にアレンジして普及させた人としても有名で、時衆はこの六時礼讃を大事にし、その六時の「時」をとって時衆と呼ばれたとの説があるほどです。

六時礼讃とは、唐の善導大師が作られた礼讃、つまり賛美歌で、昼を晨朝、日中、日没の三つ、夜を初夜、中夜、後夜の三つに分け、礼拝讃嘆しました。時衆では古くは僧八人、尼八人、合わせて十六人を一組にして交代で奉仕しました。

一遍が兵庫の観音堂で亡くなったのは晨朝礼讃の最後に近い「帰三宝」のころであった、と聖絵に聖戒は書いています。

なお、融通念仏が宗旨として独立するのは、ずっと後、江戸時代元禄のころです。浄土門でありながら法華経を正依とし、浄土三部経を傍依としています。

現代から考えますと、一遍上人の念仏を融通念仏といっしょにするのは教義的にはおかしいと思いますが、当時は一人一切人、一切行一行の思想は深く社会に根づいていて、念仏を勧める聖はすべて、融通念仏の聖と受けとられていたのではないでしょうか。

この後、一遍は本宮から舟で熊野川を下り新宮に詣で、ここで超一、超二、念仏房に別れを告げ、故郷へ帰っている聖戒に手紙とともに念仏賦算の形木を送って「結縁あるべきよし」と書き送りましたが、その手紙には「いまは思ふやうありて、同行等をもはなちすてつ」と非常に厳しい言葉で妻子との別れを告げています。「はなちすてつ」という表現には、一遍のなみなみならぬ決意がこめられているように思います。恐らく、別れるに当たって、超一、超二は「どうぞ、足手まといにはならないので、連れて行ってほしい」と歎願したのでしょう。しかし、一切を捨て念仏勧進の旅に生きようとする一遍の決心は固かったのです。なお、念仏房だけは、この五年後の弘安二年、信州佐久で踊り念仏を始めたときに（「中世を旅する人々」１２ページ図８）音頭取りをしていることが、聖絵に書かれていますので、念仏房はそのまま、一遍に随従したという説もあります。

さて熊野新宮から那智大社にお詣りした一遍は、たった一人で京をめぐり西海道を経て、建治元年秋のころ、伊予へ帰ります。「われまず有縁の衆生を度せんために、いそぎ此の国にきたるよし、かたり給ひき」とありますから、聖戒と超一、超二に、自らの独自の法門を説いて納得させようと思ったのではないでしょうか。

翌建治二年、「事のゆへありて予州を通り、九州へわたり給ひて、聖達上人の禅室におはしたりければ、なのめならず悦び給ひて、わざと風炉結構して、たゞ両人いり給ひて風炉の中にして仏法修行の物語し給ひけるに、上人『いかに十念をばすゝめずして一遍をばすゝめ給ふぞ』ととひ給ひければ、十一不二の領解のおもむき、くはしくのべ給ふに、感嘆したまひて『さらば我は百遍うけむ』とて百遍うけ給ひけり、伊予へいり給ひたりし時このやうくはしくかたり給ひて、いかにも智者は子細のある事なりとぞ申され侍りし」

ただここで気になるのは、一遍上人の「一遍の念仏」に対して、師の聖達は「百遍の念仏を受けよう」といったことで、七十五歳だった聖達上人は、三十六歳の弟子の革新的な念仏がもうひとつ理解できず、百遍という数字にこだわったのではないかということであります。「いかにも智者は子細のあることなり」と一遍は師をほめたたえていますが、すでに一遍は師を超えた境地に達していたわけであります。

さて、一遍が熊野で成道したと思われる文永十一年といえば、蒙古襲来で、西国、とくに九州は大変な騒ぎでした。一遍は戦いの二年後の建治二年に九州へ渡り、とくに文永の役で戦場となった北九州を回ります。大活躍した河野水軍は、従兄弟の河野通有に率いられて、再襲来に備えて筑紫国（福岡県）に陣を張っていたはずなので、あるいはそれを訪ねて行ったのかもしれません。

その筑紫のとある武士の屋形で、ちょっとした出来事が起こります。一遍が屋形の前を通りかかりますと、酒盛りの最中でした。一遍は人とみれば、南無阿弥陀仏六十万人決定往生のあの念仏札を手渡し「南無阿弥陀仏と称えなされ」と勧める。この屋形の主は「装束ことにひきつくろひ、手あらひ、口すゝぎておりむかひて念仏うけて、又いふ事もなかりければ、聖は去り給ふに、此の俗のいふやう『此の僧は日本一の狂惑のものかな、なむぞそのたふとき気色ぞ』といひければ、客人のありけるが『さては何として念仏をうけ給ふぞ』と申せば『念仏に狂惑なきゆえなり』とぞいひける。聖申されしは『おほくの人にあひたりしかども、これぞ誠に念仏信じたるものとおぼえし。余人は皆人を信じて法を信ずることなきに、此の俗は依法不依人のことはりを知りて、涅槃の禁戒に相叶へり。ありがたかりし事なりとて、返々ほめ給ひき」

聖絵はこの出来事を紹介したあとで、九州修行の間は、ことに人の供養もまれで、食べるものもなく、野宿を重ねる日が続く。たまたま行き遇った僧が余りのことに同情して、七条の袈裟の破れたのを繕ってくれた。それを腰にまとって、ただ縁に随い、足にまかせて念仏勧進の旅を続けた、と書いています。

先日からいいますように、一遍は非常に異相の持ち主ですが、その人が食うや食わずのやせこけた姿で、ずかずか屋敷内へ入ってくる。しかも破れた七条袈裟を腰に巻いていたりすると、余計に狂惑と映ったのではないでしょうか。最近の研究では、この屋形の主は薩摩の国の領主島津道忍であろうとの説が出ています。それかあらぬか、一遍はこの後、薩摩の大隅正八幡宮に詣でています。大隅正八幡宮は鹿児島県隼人町にあるいまの鹿児島神宮のことで、鹿児島市の時宗寺院浄光明寺には道忍ら五代の墓があります。

いってみれば、どん底時代の九州修行でしたが、そんな中で将来に希望を抱かせる出来事もありました。ひとつは豊後国守護で、のち豊前、筑後をも併せ、北九州一帯の有力守護大名となった大友頼泰の帰依、もうひとつは、一遍亡き後、時衆を率いて教団の基礎を築いた高弟他阿弥陀仏真教との出会いです。大友頼泰は対蒙古戦の司令官のひとりでした。どういういきさつで、帰依されることになったかは不明ですが、私は先ほど出て来た島津道忍あたりを通じて知り合うことになったのではないかと思います。聖絵によりますと「すでに九州をまはりて四国へわたり給はむとし給ひけるに、大友兵庫頭頼泰帰依したてまつりて、衣などたてまつりけり。其の所にしばらく逗留して法門などあひ談じ給ふあひだ、他阿弥陀仏はじめて同行相親の契をむすびたてまつりぬ」

他阿真教が後年、師一遍を偲んで熊野本宮に奉納した「奉納縁起記」の詞書によりますと、「建治三年秋のころ、九州化導の時、予初めて温顔を拝し奉り、草庵に止宿して一夜閑談せしめ、五更に及ぶまで欣求浄土の法談」をしたとあり、身内の聖戒を除いては、真教が一遍の初めての弟子だったことは、まず間違いないと考えられます。

真教は一遍より二歳年長で、その時一遍三十九歳、真教は四十一歳。豊後出身ともいい、代々朝廷の記録類を扱った壬生家の流れをくむ家に生まれ、関白藤原良忠の甥との伝えがあります。とにかく和歌がうまく、能筆家でもあったので、かなりな教養人だったと推定されます。一遍が長身でやせていて、眼光炯々、人を圧する風貌だったのとは対照的に、顔はふっくらとしており、平宗俊の絵詞伝には「眼《まなこ》に重瞳浮かびて纖芥《せんかい》の隔てなく、面に柔和を備えて慈悲の色深し」と表現されています。他阿弥陀仏という名は、一遍に入門の際に「自も阿弥陀仏、他も阿弥陀仏」ということで付けられ、一遍は自阿、真教は他阿となりました。三代以降の遊行上人は、代々他阿を名乗っています。ただし、一遍自身が自阿と名乗った形跡はありませんが、時衆では知識を阿弥陀仏の代理と考え、絶対服従を誓って教団の一員となります。一遍は弥陀の代官でありましたから、わざわざ自阿と名乗る必要はなかった、とも考えられます。

十一不二頌と六十万人頌

先週は、ひとりで遊行の旅を始めた一遍が、九州を巡り北九州の有力守護である大友頼泰の帰依を受け、一遍の死後、後継者として時衆を率いて遊行を続け、時宗教団をつくった第二祖他阿真教が、弟子第一号として入門するまでをお話しました。これまでに一遍が、父の亡くなった後、故郷へ帰り、所領を継いで在俗生活を八年間送ったこと。そして、どうやら親類との間にトラブルが起こったため、俗世間の醜さを思い知って再出家したこと。それから、当時、生身の阿弥陀仏、つまり生きた阿弥陀如来がおられると信じられていた信州長野の善光寺へ参籠して、ここで出あった二河白道の教えに感銘し、伊予の窪寺で、自ら描いた二河白道図をかけて念仏三昧の生活を送るうちに、第一次の悟りと考えられる彼独自の名号観が完成し、それを「十一不二の頌」に表現したこと。この後、密教色の強い山岳仏教の聖地、伊予の菅生の岩屋で修行して、一切を捨て、念仏勧進の旅に出る決心を固めたこと。文永十一年二月、三十六歳のときに超一、超二、念仏房を伴って念仏勧進遊行の旅に出ること。難波の四天王寺で初めて念仏札を配る、いわゆるご賦算を始め、高野山から熊野へ参ろうとして、信心のない人にまで念仏札を配るべきか、という信仰の根幹に関わる大問題にぶつかり、その夜、証誠殿で阿弥陀如来の垂迹神である熊野権現から「御房のすゝめによりて一切衆生はじめて往生すべきにあらず。阿弥陀仏の十劫正覚に一切衆生の往生は南無阿弥陀仏と決定するところなり。信不信をえらばず、浄不浄をきらはず、その札をくばるべし」とのお示しを受けて、自らの思い上がりに気が付き、他力念仏の本当の意味を領解し、ここに一遍の信仰は揺るぎないものとなり、完成を見るにいたりました。

その確信を頌に表現したのが「六十万人頌」です。本宮から新宮へ舟で下った一遍は三人の同行を放ち捨てて、たった一人、遊行の旅に入ったこと。一遍上人五十一歳の生涯の前半生を学んできたわけですが、ここで「十一不二頌」と「六十万人頌」について、もう一度、おさらいをしてみたいと思います。

十一不二頌

十劫正覚衆生界
一念往生弥陀国
十一不二証無生
国界平等坐大会

十劫の遠い昔、法蔵菩薩は悟りを得て阿弥陀仏となった。そのときに衆生の往生は南無阿弥陀仏と約束された。

衆生はただ一回の念仏で、生きながらにして弥陀の国に往生することができる。

十劫の昔に法蔵菩薩が正覚を得て仏になったのと、衆生がただ一回の念仏で往生するのは同一であり、そこには生も死もない。

従って弥陀の国と衆生界とは、時間と空間を超えてひとつであり、法会の席には仏も衆生も平等につらなっている。

法然は、専修念仏の行者は、臨終に際し弥陀の来迎引接に預る。常に念仏を称えよという多念往生を説いています。西山義の証空は、来迎にあずかる当得往生と平常の信仰によって、この土にいながら、そのままの姿で往生する即便往生の二つに分けています。当得往生は浄土教的、即便往生は密教的発想によるもので、当得と即便の一致、つまり臨終と平生の一致を強調していますが、一遍は念仏を称えるその一瞬一瞬が臨終である。平生、臨終の区別はないのだから、ただいまの一念を積み重ねて念仏を相続せよ。衆生の一念によって、ただいま法蔵菩薩は仏になるのだから、十劫正覚と一念往生は同一、つまり不二であると説いています。

六十万人頌

六字名号一遍法
十界依正一遍体
万行離念一遍証
人中上々妙好華

六字の名号は、あらゆる仏の教えを収めた普遍にして絶対真実の教えである。

現世に生きとし生けるものはすべてこの名号に照らされたとき、その身は仏の本体と同一になって救われる。

しかもすべての修行もまた名号のなかに包まれているから、己れの図らいを捨て、名号を称えさえすれば絶対不二の悟りを得ることができる。

このようにして、名号を称え、悟りを得た人こそ、人間の中の上々の人であり、まさに泥中から咲き出した清浄な白蓮華のような人である。

［十界］＝六道と四聖

六道＝地獄、餓鬼、畜生、阿修羅、人間、天上

四聖＝声聞、縁覚、菩薩、仏

こうして眺めてきますと、一遍は善光寺から伊予へ帰り、二河白道図を掲げて念仏三昧を送った三年間で、衆生に念仏を勧進する遊行の旅を思い立ったのではないでしょうか。そして山岳仏教の聖地である菅生の岩屋で「遁世の素志を祈った」といいますから、揺るぎない決心を固めたものと思われます。再出家したのが文永八年（一二七一）、同行三人を伴って、念仏勧進の旅にのぼったのが文永十一年ですから、一遍にとってこの三年間は生涯の転機となる重要な期間であったと思われます。また、菅生の岩屋までの修行は、まさしく自分自身のためでありましたけれど、

遊行の旅からは、一切衆生に念仏を勧める利他の行に入ったことになります。

聖戒は聖絵第十巻の弘安十年の出来事として、一遍が時衆が持つ十二の道具を書いて示されたと記しています。それによりますと、十二道具というのは、引入《ひきいれ》（椀鉢）、箸筒、阿弥衣（着物の上に羽織る麻のドテラのようなもの）、袈裟、帷、手巾、帯、紙衣、念珠、衣、足駄、頭巾をいいます。引入はご飯を入れるもので、命を無量ならしめるので無量光仏、箸は食べ物を口に運ぶことと無辺なり、というので無辺光仏、という具合いに、ひとつ一つに阿弥陀仏の別名の十二光仏になぞらえて、行住座臥、阿弥陀仏の徳を忘れてはならぬと戒めています。時衆はこれ以外の持物を厳しく禁じられて、質素な生活を義務付けられていました。

きょうは一遍上人の生涯の途中ではありましたが、一遍上人の思想、信仰にしぼって話をまとめてみました。少しはお分かりいただけましたでしょうか。

初めての踊り念仏

先週は一遍の信仰の中心である「十一不二頌」と「六十万人頌」を主に、復習の形でまとめてお話しました。つまり一遍の信仰をつづめていいますと、この世で真実なるものは「南無阿弥陀仏」

の名号のみであり、あらゆる仏の教えも行もこの六字にこめられている。その真実にして絶対の名号の前には信、不信も浄、不浄も問題ではなくなる。それらの一切を突き抜けたところに名号があるということで、それが名号至上主義といわれる所以です。私は浄、不浄を男と女、あるいは社会的差別を受けていた、たとえば非人と呼ばれる人たち、ハンセン病のような当時は業病などといわれなき差別に苦しんだ人たちを指すと申し上げましたが、戦いを職業とし、殺人を事とする武士もまた広い意味で不浄なる人であったわけです。不浄の人であった武士が救われるという一遍上人の主張は、武士層に広く受け入れられたはずです。一遍と二祖他阿真教の時代、つまり初期時衆のころに、とくに武士層の入門が多かったのはそういった事情を反映していると思われます。

さて、後に一遍の後を継いで第二祖となる他阿真教は、一遍が食うや食わずの状態で九州をめぐっていた時、北九州の有力守護大友頼泰の屋形で出会います。聖絵によりますと「すでに九州をまはりて、四国へわたり給はんとし給ひけるに、大友兵庫頭頼泰帰依したてまつりて、衣などたてまつりけり。其の所にしばらく逗留して法門などあひ談じ給ふあひだ、他阿弥陀仏はじめて同行相親の契を結びたてまつりぬ。惣じて同行七、八人相具して、弘安元年夏の比、與州へわたり…同年の冬、又備前国藤井といふ所の政所におはして念仏すゝめ給ひけるに」と言いますから、九州の遊行を終えたあと、真教をはじめ七、八人の弟子が一遍に随ったことになります。そして弘安元年（一二七八）の秋、安芸の厳島神社へ参り、冬には備前岡山の藤井に行きます。この藤井は、いま岡山市の西の西大寺に藤井として残っていて、ここの安仁神社が、それであろうといわれています。安仁神社は備前二の宮。祭神は安仁二兄で神武天皇の兄五瀬命、または孝霊天皇の三人の皇子の長兄五十狭芹彦命《イソサセリヒコ》（吉備津彦命）ともいわれていて、この吉備津彦命を祭神と考え、吉備津宮と呼んだのでしょうか。

政所は領主の家を指しているので、この地方の地頭である安仁神社の神主の息子の家で念仏を勧めたところ、たまたま家主の息子は留守でしたが、その妻が上人の話を聴聞して、にわかに発心して髪をおろし出家しました。一遍は藤井から少し西の福岡の市へ進まれ、念仏を勧めておられた。このあたりのことを聖絵では「彼の夫かへりきたりて、これを見侍りてめもあやにおぼえて事のよしをたづぬるに、女こたえて曰く『尊きすてひじりのをはしつるが、念仏往生の様、出離生死の趣とかれつるを聴聞するに、誠にたふとくおぼえて、夢まぼろしの世の中にあだなる露のすがたをかざりても、いつまでかあるべきなれば出家をしたる』よしを語る。夫は無悪不造のものなりければ、大いにいかりて『件の法師原いづくにてもたづねいだしてせめころさむ』とて出でけるが、（「中世を旅をする人々」６０ページ上、部分図５７ページ図１０）福岡の市にて聖にたづねあひたてまつりぬ。大太刀わきにはさみて、聖のまへに近づき侍りけるに、聖いまだ見給はざるものにむかひて『汝は吉備津宮の神主の子息か』とたづねられけるに、忽に瞋恚やみ害心うせて、身の毛もよだちたふとくおぼえけるほどに、即ち本鳥をきりて、聖を知識として出家をとげにけり。（中略）そのほか、又、弥阿弥陀仏、相阿弥陀仏をはじめとして、出家をとぐるもの、惣じて二百八十余人侍りけり」と伝えています。

この場面は、中世の市場を活写したものとして高校などの教科書によく出て来る絵です。ある意味では最も有名な場面ですが、いまにも大太刀を引き抜こうとしている神主の息子と郎党二人に対し、一遍は右手指で指し示して何やら語りかけようとしています。一遍の背後、向かって右側に十人ばかりの人が列になって事の成り行きをみつめていますが、画面上方の人たちは騒ぎそっちのけで商売に熱中しているようです。よく見ますと、反物を売っている人、米俵を積んで売買している人、その右には魚を料理しながら女の人と話している人も見えます。画面の下にかなり大きなカメが並んでいます。油とか塩などでしょうか。中段右端に置かれた三つのカメは、密閉された茶壷みたいな感じです。乞食もいますし、赤ん坊を背負った女の人、孫に手を引かれたお婆さん、舟を岸に着けようとしている人などなど、様々な庶民の姿が描かれていて、当時の市場の様子が、いきいきと描かれています。聖絵はこうした庶民の生活を実に忠実に描いているのです。

「中世を旅する人々」を編集した東大資料編纂所の黒田日出男先生は、聖戒が聖絵をつくるに当たって、多くの人の寄付を集めた、つまり勧進によって資金を調達したからだ、という新説を立てられていますが（同書2〜3ページ）、あるいはそうだったかもしれません。

福岡という町は、岡山県邑久郡長船町にあります。私は朝日新聞岡山支局長をしていた昭和四十八年に訪ねて行きました。吉井川の流れが、鎌倉時代とは変わっているとかで、聖絵の様子とはかなり違っています。しかし、吉井川の堤防下に「一遍上人巡錫の地」と彫った大きな石碑が建っていました。いまは静かな農村地帯で、日蓮宗の大きな寺の門前に民家が建ち並んでいました。実はこの福岡は、後に筑前の大名となる黒田官兵衛こと黒田如水の出身地で、如水は筑前に城を築き、城下町を拓いたとき自らの出身地の名前をとって福岡と名付けたのです。福岡県の起こりは、この小さな農村に由来しているわけです。

この事件は、聖絵だけでなく、絵詞伝にも登場します。最後のところで「そのほか、又、弥阿弥陀仏、相阿弥陀仏をはじめとして、出家をとぐるもの、惣じて二百八十余人侍りき」というところに注目したいと思います。つまり、この文章を見る限り、吉備津宮神主の息子の事件をきっかけにして、三百人近い人たちが出家して時衆に加わった、と考えられます。当時は話が伝播するのは口コミによるしかなかったわけですが、福岡の市事件は、たちまち周辺に広まって、大量の信者が誕生したものでしょう。つい一年ほど前の九州遊行の際には、従う弟子もなく、供養する人もなく、島津道忍か、といわれている武士の屋形では日本一の狂惑坊主といわれる有様でしたのが、三百人に近い同行を抱えることになりました。一遍上人にとっては、非常に大きな転機になった、そしてその思想が多くの人の共感を得たという意味でも、福岡の市での出来事は重要視されたのです。ただし、聖絵を注意深く見ますと、一遍が遊行のときに伴う時衆は僧尼合わせて二十人足らず。弟子のなかから選ばれたメンバーだけが、上人に従って歩いたようです。残りの人たちはその地に残って、念仏者の生活を送ったものと思われます。吉備津宮の神主の息子夫婦も、おそらく家に残り念仏生活を送ったのでしょう。

さて、翌弘安二年の春、一遍の一行は京都へのぼり、下京区烏丸松原を東に入った因幡堂（因幡薬師。真言宗智山派平等寺のこと）に泊まろうとしますと、寺僧に内陣に入ることを拒否され、縁側でごろ寝する羽目になりました（「中世を旅する人々」５９ページ図２）。そのときは因幡堂の責任者である執行が、夢のなかで本尊さんから「大事なお客を迎えた」と告げられ、堂内に寝ることが出来ました。しばらく因幡堂に留まった後、再び善光寺へ参り、その年、弘安二年の暮れに信濃国佐久郡伴野へおもむき、信者の家で歳末の別時念仏を修したとき、初めて紫雲がたなびいた、というのです。一遍がなぜ善光寺から佐久へ行ったかについて、聖絵も絵詞伝も一言も理由を書いていませんが、河野家を非運の底にたたき込んだ、あの承久の乱のあと、父如仏の弟、ということは一遍の叔父に当たる河野通末がこの佐久へ流されて死んでいるのです。多分、叔父の霊を慰めるために、佐久へ向かったものと思われます。聖絵は「紫雲はじめて立ち侍りけり」としたあとに、突然「抑々をどり念仏は空也上人、或は市屋、或は四条の辻にて始行し給ひけり。彼の詞に云く…」と、まったく唐突に踊り念仏の故事来歴を記し、「これは聖が常に持っていた文なので記載したのだ」と断わり書きをつけています。それから「それよりこのかた、まなぶものをのづからありといへども、利益猶あまねからず。しかるをいま時いたり機熟しけるにや」と書いて（「中世を旅する人々」12ページ図8）「同国小田切の里、或る武士の屋形にて聖をどりはじめ給ひけるに、道俗おほくあつまりて結縁あまねかりければ、次第に相続して一期の行儀と成れり」と説明するのですが、この文章は普通なら「同国小田切の里、或る武士の屋形にて、聖をどりはじめ…一期の行儀と成れり」としたあと、「抑々をどり念仏は空也上人…」と書くべきなのに、文章の前後が逆になっているように思われます。理由はよく分かりません。いずれにせよ、聖絵によれば、一遍上人は伴野の市庭から少し離れた小田切の里のある武士の屋形で初めて踊り念仏を始めたことになるわけです。

「中世を旅する人々」12ページ図8の絵を見てください。画面の上に「小田切里」と書き込まれ、左側の屋形の縁先で一遍が食器のようなものを叩いて音頭をとっています。これを見ても予め準備されていたものでないことが推察されます。それに中央で踊っている二人の時衆のうちの一人の頭の上には「念仏房」とあります。一遍が初めて遊行の旅にのぼった際、随行していた念仏房であるとすれば、その左でザルのような物を持って踊っている尼さんは超一房ではないか、と栗田勇さんは「旅の思索者・一遍上人」の本のなかで推定しています。しかし、この書き込みは、研究によりますと、江戸時代に書かれたものということになっていますので、まったく根拠にはならない、と大谷大学名誉教授で昨年亡くなった五来重先生は書いておられます。私は、書き込みが江戸時代であっても、聖絵は布教のために使われていて、この絵を説明する「絵とき」が代々にわたってなされていたわけです。あながち、根も葉もないことを書き込んだとは考えられないので、否定し去るわけには行かない、と思います。この画面の踊っている人たちの上方にこんもりした盛り土があり、木が植えられたように見えますが、これが叔父通末の塚であろう、と見られています。

日本では、古くは踊りは鎮魂のためのもの、といわれています。踊り念仏は自然発生的に始まったものであり、踊っている人たちは、上を向いて踊りはねて、恍惚状態になっている様子がよく現われていますが、踊り念仏が始まった背景には、通末の霊を鎮めるという意味も含まれていたのではないでしょうか。

聖絵には、この後、「弘安二年の冬、信州佐久郡の大井太郎と申しける武士、この聖にあいたてまつりて、発心して一向に極楽をねがひけり。かの姉にて侍りけるものは、仏法帰依の心ながくたえはてゝ、念仏誦経の思なかりけるが、あるよ夢に見るやう、『いへのめぐりに小仏のあまた行道し給ふ中に、たけのたかきをば、一遍上人と申す』と見ておどろきて、陰陽師をよびて『いまみることは悦びかうれへか』ととふ。陰陽師『めでたき悦びなり』とうらなひけり。この時発心して聖を請じ奉りて三日三夜供養をのべて念仏を申しき。結願して聖はかへり給ひぬ。数百人、をどりまはりけるほどに、板敷ふみおとしなどしたりけるを、つくろふべきよし、人申しければ『これをば一遍聖のかたみとすべし、つくろふべからず』とて、そのまゝにてをき侍りけり。（中略）かのおむな、そののち専修の行者となりて、つゐに往生とげにけり」とあります。（「中世を旅する人々」12ページ図7）

実はこの大井太郎の屋形が、後に金台寺《こんだいじ》という時宗の道場になり、私はこの寺で生まれて、小学校一年生の暮れまでいました。寺の参道の入り口に「一遍上人初開之道場」という大きな石碑が立っています。寺の裏の墓地を隔てて、城山館と呼ばれる土塁に囲まれた豪族の屋敷跡と、小さなお宮がいまも残っています。小さいころは私どもの遊び場で、サーカスが来てテントを張ったり、秋には子ども相撲大会があったり、冬には土塁の上からソリで滑り降りたりしたものです。この城山館が大井太郎の屋形址だったのです。昔は城山館と金台寺のある場所はつながっていたのでしょう。いまは佐久市野沢といいますが、残念ながら、初めて踊り念仏が始まったという小田切里のある武士の屋形というのは、特定できません。

ここで、改めて一遍上人の生涯を描いたもうひとつの絵巻「遊行上人縁起絵」いわゆる絵詞伝の記事について語らねばなりません。絵詞伝は先日も申し上げました通り、聖絵より八年ばかり遅れて、二祖真教の弟子平宗俊によって出来上がりました。全十巻のうち、前半の四巻が一遍上人、後半の六巻は真教上人の事蹟を描いています。狙いは聖絵を編集した聖戒上人に対抗して、真教上人が一遍上人の正統な後継者であることを強調するため、と考えられています。従って一遍在世中の記事については、聖絵の詞書を書き写したらしい節があり、その意味で聖絵の方が記録的に信用できることを申し上げ、聖絵と絵詞伝を併行して話を進めると、いらざる混乱を招く恐れがあるため、ここまでは聖絵一本にしぼって話を進めて来ました。ところが、踊り念仏が始まった前後の記事については、聖絵がなぜか混乱しているのに対し、絵詞伝はまことにすっきりしています。問題の部分を読んでみましょう。

「同二年（弘安）信濃国佐久郡伴野といふ所にて歳末の別時に紫雲始めて立ち侍り。さて其の所に念仏往生をねがふ人ありて聖を留めたてまつりける比、すゞろに心すみて、念仏の信心もおこり、踊躍歓喜の涙いともろくおちければ、同行共に声をとゝのへて念仏し提《ヒサゲ》をたゝいてをどり給ひけるを見るもの随喜し、きく人渇仰して金磬をみがき鋳させて聖にたてまつりけり。しかれば行者の信心を踊躍の皃に示し、報仏の聴許を金磬の響にあらはしてながきねぶりの衆生をおどろかし、群迷の結縁を勧む。抑々をどり念仏とは空也上人…」後は聖絵とほぼ同じです。

これによりますと、大井太郎やその姉の話、また小田切の里などの地名は出てこず、佐久郡伴野の念仏の信者のところで、一遍自らが提を叩いて踊り出した、ということになっています。そんなところから、研究者のなかには、踊り念仏が始まったのは、伴野の大井太郎の屋形、つまり、いまの金台寺の建っている場所であると考える学者（五来重先生）もいます。

ただし、小田切からさほど遠くない跡部というところの西方寺という浄土宗の寺に、念仏踊りが伝わっていて、毎年四月の第一日曜日に檀家の人たちが踊ります。この念仏踊りは古い型を残していて、一遍上人が始められたころの踊り念仏は、多分、これに近いものであったろうといわれています。というのは、いま時宗に伝わっている踊躍念仏は、非常に動きが少ない、形式化されたものになっています。全国に念仏踊りは多いですが、長い間に芸能化されてしまったり、古い型を失ってしまっています。しかしこの跡部の念仏踊りは、ピョンピョンはねたり、体を左右に大きく揺すって、本当に踊っているという感じがします。私は文化映画で見ましたが、村人は大きな塔婆に囲まれた〝踊り場〟へ発心門と書いた門から一人ずつ入って行き、節の付いた念仏を大声で称えて、太鼓のリズムと一人ひとりが首からかけている鉦の音に合わせて踊るのです。三十分ばかりでしょうか、時間は計りませんでしたが、一通り踊ると、また一人ずつ発心門から外へ出ます。インタビューに答えて、あるお婆さんは「踊っている間は夢中になって、何も考えないようになる。外へ出たとたんに棺桶から外へ出たような気がして、なにか生き返ったみたい」といっていました。「飛んだりはねたりで、結構疲れるけれど、春が待ち遠しくて」とも話していました。

踊り念仏は、やがて一段高い桟敷舞台を作り、時衆の僧尼がその上で踊るようになります。「中世を旅する人々」１３ページの図9は、信州佐久から三年後の弘安五年に、鎌倉近郊の片瀬の浜で踊り念仏を催した時の場面ですが、老若男女は桟敷を囲んで見上げるなかを、一遍はじめ僧尼が、右回りに回りながら踊っています。群衆も念仏を一緒に称えるので、高潮してくると、踊る側も見る側も、ともにエクスタシーに浸るわけです。踊り念仏は、瞬くうちに全国に広まったようで、いま発掘される中世の村落や市場などの一角に、踊り念仏の桟敷だった跡が発見されます。

定期的に、かなり頻繁に踊られたことが分かって来ています。踊り念仏の後、集まった人に念仏札を配るわけですから、念仏勧進、結縁の手段としても絶大な効果があったものと思われます。なお、時宗では踊躍念仏、または踊り念仏といいますが、念仏踊りとはいいません。これはあくまでも念仏を称える様式の一種と考えるからで、念仏踊りは、踊りのなかの一つの種類と考える立ち場との違いです。

さて一遍はこの後、時衆を引き連れて奥州江刺に流されて亡くなった祖父河野通信の墓に向かいます。佐久では歳末の別時念仏を修しましたので、冬の寒いなかを、北国へ向かう苛酷な旅でした（「中世を旅する人々」１６～１７ページ）。

一遍上人の死

前回までの五回、私は主として国宝「一遍聖絵」の記述を中心に、一遍上人の生涯を追ってきました。もっとも第四回では、とくに一遍が作った「十一不二頌」と「六十万人頌」を取り上げて、その思想・信仰をまとめました。今回は三ヵ月の締めくくりですので、なんとしても一遍上人の死がどのようなものであったかを語らねばなりません。従って前回最後にお話した奥州江刺（現在岩手県北上市）にある祖父河野通信の墓参りの旅以降はとくに重要な出来事をピックアップしながら話を進めます。第一回にお渡しした年表をお持ちの方は見ていただきたいのですが、奥州江刺へ行ったのは弘安三年（一二八〇）、一遍四十二歳の時のことです。きょうの一回で、彼が亡くなる正応二年（一二八九）までの九年間を語ることになりますので、やや駆け足にならざるを得ません。お許し願います。

それから、とくに大切な場面なので、聖絵の最後の章である第十一、十二巻の詞書を複写してお配りしました。その前に、私が三年前の夏、岩手県北上市稲瀬町水越で昭和四十四年に発見された河野通信の墓、地元で「ひじり塚」と言い伝えてきた塚をお参りした際の写真がありますので、「中世を旅する人々」17ページ上の図3左側に出ている、通信のお墓を囲んでお経を読んでいる一遍と時衆たちの絵とを見比べて下さい。写真では大きな松の木が三本生えていて、こんもり円くなっています。塚は上円下方墳ですから、一遍や時衆の人たちがひざまずいている部分は、下方部に当たり、写真ではちょっと崩れて、やや円く見えている円墳の周縁部がそれです。それにしても一遍の没後数年のころ、つまり一二九〇年代の前半に聖戒さんは絵師とともに訪れた、と推定されますが、ちょうどいまから七百年前に当たります。聖絵がいかに正確にスケッチしているか、驚歎するばかりですが、同時に絵師の技倆にも頭の下がる思いがします。聖絵が記録として貴重な資料であることがお分かりでしょうか。私が行ったとき、塚に入って行く農道の両側はブドウ畑になっていましたし、塚のある一帯は松林になっていますけれど、塚そのものは余り変わっていないのにも、なにか不思議な思いがします。

さて、一遍上人とその一行は、平泉と松島をめぐり、常陸の国から武蔵国に入ります。弘安五年(一二八二)春、鎌倉入りをめざした一遍に意外なドラマが待ち受けていたのです。もともと、一遍は「鎌倉いりの作法にて、化益の有無をさだむべし。利益たゆべきならば、是を最後と思ふべきよし」時衆に示して三月一日、「こぶくろざかよりいりたまふ」と、鎌倉幕府のあるところの北条執権のお膝元である鎌倉入りには、特別の思いがあったようです。河野家は源平合戦で幕府に認められて伊予の実質的な守護になり、承久の乱では、通信はじめ、主だった人たちが所領を取り上げられ、斬られたり流されたりしています。奥州という遠い流刑地で、恨をのんで死んだ祖父通信の墓に参って、その帰り道でもあります(「中世を旅する人々」28～29ページ図11、60～61ページ図7)。小袋坂から入ったところ、「『今日は大守(北条時宗)山内へいで給ふことあり。このみちよりはあしかるべき』よし人申しければ、聖、『思ふやうあり』とてなをいりたまふ。武士むかひて制止をくはふといへども、しゐてとをり給ふに、小舎人をもて時衆を打擲して『聖はいづくにあるぞ』とたづねければ、聖、『こゝにあり』とていでむかひ給ふに、武士云く『御前にてかくのごときの狼藉をいたすべき様やある。汝衆徒をひきぐする事ひとへに名聞のためなり。制止にかゝへられず乱入する事、こゝろえがたし』と云々。聖、こたへたまはく『法師にすべて要なし。只人に念仏をすゝむるばかりなり。汝等いつまでかながらへて、かくのごとく仏法を毀謗すべき。罪業にひかれて冥途におもむかん時は、この念仏にこそたすけられたてまつるべきに』とのたまふ。返答なくして二杖うちたてまつる。聖は『不捨怨憎由大悲』なれば、さらにいためる色なし。有識含霊皆普化なれば、ひとへに結縁をよろこびてのたまひけるは『念仏勧進をわがいのちとす。しかるをかくのごとくいましめられば、いずれのところへかゆくべき。こゝにて臨終すべし』とのたまふに、武士『鎌倉の外は御制にあらず』とこたふ。よりてそのよは山のそばみちのほとりにて念仏したまひけるに、鎌倉中の道俗雲集して、ひろく供養をのべたてまつりけり」…「しかあれば、今このひじりも人つゐに帰して、貴賤こゝにあつまり、法いよいよひろまりて、感応みちまじはりけり」

この鎌倉入り事件を考えてみますと、一遍上人が、きわ立って積極的、見ようによっては非常に強引な感じさえ受けます。まず、三月一日は執権時宗が山内へ出かける日で、警固が厳しく、「このみちよりはあしかるべき」とある人からいわれていたのに「思ふやうあり」といって強行するのです。小袋坂以外にも、鎌倉へ入る道はいくつもあったにもかかわらず、相手が時宗と知って、わざわざ入って行き、時宗警固の武士と押し問答し、ついには杖で打たれるのです。しかし、一遍は毅然として引き下がらず「念仏勧進をわがいのちとす。しかるをかくの如くいましめられれば、いづれのところへかゆくべき。こゝにて臨終すべし」と宣言します。河野水軍の有力メンバーだった河野通尚の面目躍如です。その一言で名のある武士たちでさえ、北条時宗といえば、当時の武士の棟梁であり、幕府の事実上の最高責任者です。その一言で名のある武士たちでさえ、武士社会から抹殺される生殺与奪の権を握っていました。その時宗に真向対決の形で一遍が挑んだわけですから、鎌倉中の人たちは驚いた筈です。だからこそ、その夜、道端で念仏していた一遍の一行に道俗が雲集して供養したのでしょう。民衆は一遍を支持したのです。

鎌倉入りのありよう次第で、これが最後といっていた一遍は、翌日、鎌倉郊外の片瀬の屋形の御堂というところで断食して（「中世を旅する人々」13ページ図9）別時念仏し（部分図、同28ページ図14）招かれて片瀬の浜の地蔵堂へ移り、さらに数日を送りました。この時貴賤雨の如く参詣しました。実はここで行なった踊り念仏が爆発的な人気を呼び、紫雲が立ったり、天から花が降ったり、しきりに奇端が起こり出しました。「人、うたがひをなして問ひたてまつりければ『花の事は花にとへ、紫雲の事は紫雲にとへ、一遍しらず』とぞ仰せられける。聖の歌に曰く『さけばさきちればをのれとちるはなのことはりにこそみはなりにけり』『はながいろ月がひかりとなかむればこゝろはものを思はざりけり』」

その年の七月十六日に片瀬を立ち、都をめざして遊行を始めたというところを見ますと、片瀬には四ヵ月余り逗留したことになります。そして、この噂は都にも口コミで伝わって行くのです。一遍が京都へ入ったのは、弘安七年四月十六日です。片瀬の地蔵堂を出立してから二年間が経っています。この間、美濃、尾張を通る時に所々の悪党が道に札を立てて「聖人供養の者には彼の道場へ往詣の人々にわづらひをなすべからず。もし同心せざらぬ者にをきてはいましめを加ふべし云々。よりて三年が間、海道を進め給ふに、昼夜に白浪のおそれなく、首尾緑林の難なし」と聖絵がいう通り、悪党と呼ばれていた幕府の統制外にいた武士たちが、一遍に好意を抱いていたことが知れます。恐らく鎌倉小袋坂で起こったあの事件が、同じ反権力志向の悪党たちの共感を集めたのではないでしょうか。

京都へ入った一遍は、四条京極の釈迦堂に滞在されます。いま新京極の四条側入り口の西側に交番があり、その裏側に染殿地蔵で知られる染殿院という小さな寺があります。交番の裏に、注意しないと見落としそうな細い露路が通じていて、それを西へ入って行きますと、お堂がありま す。それが釈迦堂の名残りで、ここには明治のころまで四条道場金蓮寺という、大きな時衆の道場がありました。いまは北区の鷹ヶ峰へ移転しています。一遍が釈迦堂へ入ると「貴賤上下群をなして、人はかへり見る事あたはず、車はめぐらすことをえざりき」という有様です。

思い起こせば、五年前の弘安二年、京都入りの時には因幡堂で泊ろうとしますと「か様の修行者はこのところに止住の事いましめあり」といって内陣に入れてもらえず、止むを得ず本堂の縁側で泊まろうとして、たまたま執行の夢のお告げで廊へ泊まることが出来た、あの屈辱的な出来事がありました。いまや、鎌倉での爆発的な人気が伝わって、都ではどっと貴賤が集まってきました。「中世を旅する人々」の表紙と19ページの上、図8、31ページ図15がそれです。これは踊り念仏が終わったあとのお札配り、つまりご賦算の場面で、一遍は余りに人が多いため、若い僧に肩車させて念仏札を渡そうとしています。画面をよく見ますと、女性が多いのに気付かれるでしょう。牛車に乗ってやってきた貴族の女性も多いようです。

鎌倉に次いで、京都でもこのような歓迎を受けたということは、一遍の思想・信仰が完全に道俗、貴賤上下の多くの人たちに受け入れられたことを物語ります。思い出の因幡堂へ移ったあと三条悲田院、蓮光院に一時滞在し、雲居寺、空也上人ゆかりの六波羅蜜寺、同じ空也の遺跡、市屋道場などを巡礼します。このとき市屋道場の唐橋法印が、霊夢を見たといって、聖は勢至菩薩の生まれ変わりです、と言ったら、一遍は「念仏こそ詮にてあれ、勢至ならずば信ずまじきか」といって戒めました。また、日ごろ念仏信仰と縁のなかった従三位藤原基長という貴族がやはり瑞夢を見た、といって一巻の巻物を持参しました。内容は「六十のこの老人が一夜、夢のお告げによって、一遍上人が浄土からこの世に現われて称名念仏をお勧めになることを知った」などという話と詩文が漢文で書かれています。この人は刑部卿で文章博士を兼任する当代のインテリですが、一遍上人は「さても信心起こらばよき事よ、とて投げ置かれぬ」というのです。

一遍さんはお世辞が嫌いでした。かつて、筑紫のある武士の屋形で「気狂い坊主」呼ばわりされながら、相手を褒め讃えたように、率直な言葉を好まれたようです。そして「聖人の風をもちゐること、俗をかうることなし。しかれば関東にして化導の有無をさだめき。かねて思ひしに少しもたがはず。いま又、数輩の徒衆をひき具して洛中に逗留の事、もと斟酌あるべし」

聖絵はこうも言っています。「おほよそ、済度を機縁にまかせて、徒衆を引具し給ふといへども、心諸縁をはなれて身に一塵もたくはへず、一生つゐに絹綿のたぐひはだにふれず、金銀の具手に取る事なく、酒肉五辛をたちて十重の戒珠を全うし給へり」。縁によって、門弟たちを引き連れてはいるけれど、常に自らに厳しく清貧を守って戒律を全うされた、というのです。そして有名な次の歌を添えています。「をのづからあひあふときもわかれてもひとりはをなじひとりなりけり」。人生の絶頂期のなかで、一遍は常に本来の自分を見つめることを忘れませんでした。行く先々に、先を争って南無阿弥陀仏六十万人決定往生の念仏札を戴こうとする人たちが待っています。

しかし、そうした順風満帆と見えたときに、好事魔多し、といいますか、一遍は病気になり、桂に移って療養されたようです。満四十五歳。永年の遊行の疲れが出たのでしょう。五月から四、五ヵ月、桂で療養したあと、その年の秋に山陰地方へ向かって旅立ちます。

普通、功なり名遂げた僧が病気になりますと、その所に寺や道場を建て、信者に囲まれて生涯を終わる、というのが、ひとつのパターンです。しかし一遍は、病気がよくなりますと、再び遊行の旅に出ます。多分、体はもうガタガタだったでしょう。弟子たちは体を気遣って引き止めたでしょうが、この融通念仏を勧むる聖は病躯に鞭打って可酷な旅を続けます。

超一、超二、念仏房を連れて、故郷を旅立つ一遍（「中世を旅する人々」10ページ）の足は逞しく、体格も堂々としていて、いかにも頑丈な鎌倉武士といった趣きです。しかし、表紙絵の四条釈迦堂で弟子に肩車されて賦算をしている一遍は、手も足も首も枯れ木のように細く、からだ全体も痩せ細って小さくなっています。最終の72ページを見て下さい。神奈川県立博物館蔵の一遍上人画像があります。第一回講座の際に掲げた総本山清浄光寺蔵の像が向かって右向きなのに対し、この像は左向きです。腰をかがめ、背中は猫背です。十六年間ひたすら念仏勧進の旅に生きた証しともいえましょう。

病に倒れたあとも遊行することをやめず、山陰の辺地をも経巡った一遍は、この後五年目に亡くなります。その歩いたコースを見ますと、丹波から丹後、但馬、因幡、伯耆と山陰を日本海の海岸沿いに西下し、いまの鳥取県西伯郡のいわゆる裏大山の積雪地帯から岡山県北部の美作を通り、備前からおそらく船便で難波へ出たあと摂津の四天王寺、住吉大社、河内国の聖徳太子陵、大和の当麻寺、石清水八幡宮に参詣し、こんどは瀬戸内海沿いに播磨へ抜けて、尊敬する沙弥教信の教信寺、書写山円教寺、松原八幡宮、備後国一宮を経て故郷の伊予へ帰ります。それが亡くなる前の年、元応元年（一二八八）です。きっと故郷に別れを告げたかったのでしょう。いま道後温泉の公園に釜薬師として残っている湯釜に、一遍が従弟の河野通有に頼まれて書いたという「南無阿弥陀仏」が保存されています。この話は前々回でしたか、話しましたが、一遍が最後に故郷へ帰ったこのときに書いたものと思われます。この後、思い出の菅生の岩屋や土佐、繁多寺をめぐり、それから河野家の氏神である大三島の大三島社へ参拝し、宝篋印塔を寄付したと伝えられています。死期が近いのを覚った一遍は、こうして着々と準備を進めるわけです。

一遍自身は印南野の沙弥教信の遺跡、教信寺で死にたいと願っていたらしく、淡路島から明石へ渡るべく正応二年、讃岐の善通寺を通り、阿波へ着きますが、お手元に配った聖絵第十一巻はここから始まります。阿波の国で一遍は「機縁すでにうすくなり、人教誡を用ひず、生涯いくばくならず、死期近きにあり」と仰言った。間もなく大鳥の里河辺というところで「心神例に違し、寝食恒ならず」という状態になりました。このとき詠まれた歌が「おもふことみなつきはてぬうしと見し世をばさながら秋のはつ風」。まさに死をはっきりと意識して、自らの心境を淡々と歌われているわけです。病はその後も重くなるのに、毎日の行儀は少しも変わることがなかったといいます。七月の初めに阿波から淡路島へ渡り、二宮（三原郡三原町幡多にある大和国魂神社）の社殿に「名にかなふこゝろは西にうつせみのもぬけはてたる声ぞ涼しき」という歌を書いた札を打ちました。聖戒が聖絵を編集するために淡路を修行した時にも、この札が残っていて「感涙おさへがたかりき」と聖絵には書いてあります。一遍はその後、志筑天神社に参り、明石の浦に渡るのですが、そのくだりから、聖絵のコピーに移ります。

「一人」を「いちじん」と読めば天皇を指し、「いちにん」なら右大臣、「いちのひと」なら摂政関白ということになります。聖絵を伝えてきた歓善光寺には、スポンサーは時の摂政関白九条忠教だという伝承がありますので、ここは「いちのひと」と読むべきだ、という説が有力です。しかし、黒田日出夫さんのように、その本に書いている通り、勧進によって広く民衆から募金をして作成したのであり、貴族の勧めで作ったものではない、と主張する人もいます。私は聖絵の詞書を読んでみますと、いたるところに難解な故事来歴やお経の文句が出てきます。当時この詞書を読んで直ちに理解できる人は貴族か、学問を勉強した一部の僧しかいなかったのではないか、と思います。とすれば、聖絵の主たる対象者は貴族階級か高級武士ではなかったか、と推定するのですが、どうでしょうか。

偉大な宗教者一遍を失った時衆の僧尼は、その後どうなったのでしょうか。なによりも、私は一遍上人の生涯を追うのに急で、彼の言葉をみなさんと語り合えなかったのを、大変残念に思っています。七月からさらに九月までの三ヵ月、講座が延びることになりましたので、後期は一遍の言葉と、時衆の展開、そして現代と一遍上人の関わりなどについてお話したいと考えています。また出来得れば、六回の講座のほかに、一遍入寂の地、そして、御廟のある神戸市兵庫の真光寺を訪れ、ぬかずきたいと念じております。

拙ない話で、さぞお聞き辛かったと思いますが、とにもかくにも前期の講座はこれで終わりといたします。

一遍上人の言葉　I

本日から「旅に生きた捨聖～一遍上人」講座も新しい学期に入ります。前の期では四月十三日から六月二十二日までの六回、延べ約十二時間にわたって、主に国宝「一遍聖絵」を辿りながら、一遍上人の生涯を追ったわけです。考えてみますと、鎌倉時代のど真中に、四国は伊予の道後温泉のすぐ近くで生まれ、数え年五十一歳で兵庫の浜の観音堂で息を引きとるまで、ただひたすら念仏を勧進するために一所不住の遊行の旅に明け暮れた生涯でした。それは、八十歳の老躯をひっさげて遊行の旅を続けられたゴータマブッダ・釈尊の姿と相通ずるものがあります。

事実、一遍は、いよいよ死が近付いたとき、自らの手で、自分が書いた書物などを焼き、「一代の聖教皆尽て、南無阿弥陀仏になりはてぬ」と言って、火にくべて焼いてしまったのです。この「一代の聖教」の一代は、一遍自身の一代ではなく、仏陀の一代のことであります。「仏陀は八万四千ともいわれる多くの聖教を残されたけれども、それはすべて南無阿弥陀仏に集約されるのだ。南無阿弥陀仏だけが残るのだ」ということです。「なりはてぬ」という言葉は一遍上人独特の表現であり、またそのなかに一遍のすさまじいまでの信仰の確信が込められていると思います。一遍は遊行という宗教活動形態のなかに、インドの荒野を歩いて回りながら法を説いた釈尊の姿を追い求めていたのではないでしょうか。

普通の人なら、たとえば九州で食うや食わずの旅をしていたとき、豊後、いまの大分で守護の大友頼泰の帰依を受けます。いわば大スポンサーが付いたわけですから、頼泰に頼んで寺を建て、弟子を集めて永住することだって出来たわけですが、彼は道場を建てることさえなく、四国から中国地方への遊行に出発します。それから前回にも申し上げました通り、弘安七年四月、東海道を下って京都へ入りますが、熱狂的な歓迎をされ、庶民はもちろん堂上公卿からももてはやされる、いわば功なり名を遂げた恰好であったにもかかわらず、そして十一年に及ぶ苛酷な遊行の疲れから、京都郊外の桂で三ヵ月ばかり寝込んでしまったにもかかわらず、山陰地方に向かって旅立ちます。そのころの一遍は、聖絵を見ますと、脚も腕もやせ細り、背中も丸くなって遊行を始めたころのたくましい、いかにも鎌倉武士らしい偉丈夫だった姿と比べると、見る影もありません。「聖絵」第十一には「その後、なほ悩みながら、こゝかしこ勧めありき給ひけるに、道のほとり塚のかたはらに身を休め給ひて詠じ給ひける」とあります。

しかし、なおも留まることなく、ひたすら念仏勧進の旅を続け、桂を出てから五年後に亡くなります。きっと当時、一遍に随って遊行した時衆たちは、鬼気迫るものを感じたことでしょう。「旅ごろも木の根かやの根いづくにか身の捨られぬ処あるべき」と、亡くなる一ヵ月ちょっと前に、淡路島でそのころの心境を一遍は歌っていますが、もう病の重かった彼は、少し歩いては休み、ちょっと歩いては腰を降ろし、というような状態だったようです。

先日、用事があって真光寺へ行ってまいりました。ただ、座っているだけでも全身から汗が流れ出します。一遍が兵庫の光明福寺の観音堂へ到着したのは旧暦七月十八日か十九日のことと思われます。聖絵には「七月十八日に明石浦にわたり給ひぬ（中略）さて兵庫の島より御むかへに船をたてまつりたりければ、いなみ野の辺りにて臨終すべきよし思ひつれども、いづくも利益のためなれば進退縁にまかすべしとて兵庫へわたりて、観音堂にぞ宿し給ひける」とあるからです。

聖絵によりますと（「中世を旅する人々」69ページ下図2）三隻に分乗した上人の一行を、陸から綱で曳いています。潮の流れが逆だからでしょうか。それぞれの舟に櫓があって、漕ぎ手は座っていますが櫓を漕ぐ様子はしておらず、四人―六人の曳き手に任せています。このペースで行きますと、明石から兵庫まで、たっぷり一日はかかるでしょう。十八日の朝早く明石を出れば、その日のうちに着いたかもしれませんが、夜は照明器具のなかった当時ですから、どこかで一泊ということになったのではないでしょうか。そうだとすれば、七月十九日の朝早く出発された可能性が高いような気もします。因みにＪＲの西明石―兵庫間は二十一キロ。普通電車で四駅、わずか二十分ばかり。二十一キロといえば五里の道程で、昔の軍隊のほぼ一日の行程です。海岸べりは入り組んでいるので、やっぱり一日はかかったでしょう。因みに京都から二十キロといえば高槻辺りになります。一遍は翌月の八月二十三日に亡くなるので、一ヵ月と一週間、兵庫の観音堂におられたことになります。旧暦七月十九日は、新暦でいうと、今年は八月二十五日、旧八月二十三日は九月二十八日になり、残暑の厳しいなかを兵庫で送られた計算です。九月二十八日は、実はこの期の講座の第六回目、つまり最終回に当たります。まことに不思議なご縁というほかありませんね。

さて、今期は、一遍上人が残された言葉についてお話したいと思います。たびたび申し上げてきました通り、一遍上人は亡くなる直前に自らの手で、自らの書かれたものなどすべてを焼かれたわけですから、いま私たちが知り得るのは、その弟子たちが、上人からかくの如く聞いたとして残してくれた、例えば「聖絵」や「遊行上人縁起絵」などの詞書、それから、岩波文庫本としても出版された「一遍上人語録」があります。上人が日ごろ語られた言葉や、弟子や信者たちが大切に保存していた上人からの手紙、消息などは、すでに鎌倉末期から南北朝時代にかけて編集されていたらしいのですが、いま鎌倉の金沢文庫に残っている写本は、写した年代さえはっきりしていないうえに巻首、巻尾が欠けている状態で、それでも七十三条の法語が収められています。

年代のはっきりしている本としては、高野山金剛三昧院の「一遍念仏法語」全一巻があり、これは寛正六年（一四六五）の年号が記されています。寛正六年というと足利義政の時代で、応仁の乱が始まる二年前のことです。おそらく他にも法語集はあったのでしょうが、江戸時代に入りますと貞享五年（一六八八）に「播州問答集」が、また問答集の元になった「播州法語集」は、それより百年ばかり遅れた安永五年（一七七六）に刊行されています。「一遍上人語録」は遊行五十二代一海上人が、法語集刊行二十年前の宝暦六年（一七五六）以前に編集・整理されていたものを、その後になって出版しようとしたところ、一部を出版したのみで火災にあって焼失し、明和元年の再度の火災を経て明和七年（一七七〇）にようやく刊行された、といいます。この辺の経緯については岩波文庫本の解説に詳しく書かれていますので、一度お読みください。要するに、いま私たちが手にしている「一遍上人語録」は、文化八年に刊行された文化版を元に書かれたもので、内容的には先の明和版とほとんど同じと、いいます。

一遍上人の言葉といえば、初日にプリントしてお配りした「興願僧都、念仏の安心を尋申されけるに、書てしめしたまふ御返事」があります。文庫本の語録では３３ページの左端から始まります。ゆっくり読んでみましょう。また語録の５８ページには、「興願僧都に示し給ふ御返事のおくに」として、次の歌が収録されています。「須弥の峯たかしひきしの雲きえて月のひかりや空のつちくれ」（須弥山にかかる高い雲、低い雲のような妄念が消えれば、山上に美しい月の光が見える。それとても土の塊なのである。あるがままの姿で念仏せよ）

この興願僧都がどんな人であったのか、残念ながら伝わっていませんが、僧都というれっきとした僧階を持っている人ですから、おそらくは旧仏教系、比叡山関係者ではないでしょうか。「聖絵」第六巻（弘安五年）の託磨の僧正送り給ふ状に曰くの話のあと「又或人法門尋ね申しける返事」として記載されています。鎌倉の片瀬の浜のころの話なので、輿願はあるいは鎌倉近辺の人かもしれません。書かれた時期は、上人が近江から京都へ入られた前後、つまり弘安七年ごろではないでしょうか。

上人はこの文章のなかで、念仏の神髄をかんで含めるように書いています。そして、この法語の最も肝心なところは「捨ててこそ」です。念仏の行者はすべてを捨て果てて念仏をしなさい。ついには地獄を恐れ、極楽を願う心まで捨てよ、というのです。一遍は、常に人間のああでもない、こうでもないという心品のさばくり、さかしらに善悪を思いあげつらうことを排するのですが、ここでも「善悪の境界をも捨て」といっています。このようにすべてを捨てて打ち上げ打ち上げ称えれば、仏と自分がひとつになる。迷いのこの世もすべて浄土になる。ついには人間ばかりが超世の願に預るのではなく、動物、昆虫の類いはもちろん、山河草木の類いまでお念仏を称えて救われている。風に鳴る松籟の声、浜辺に寄せる波の音もすべて念仏なのだ、と言い切るのです。

金井清光先生という一遍の研究者は、一遍の念仏は「空念仏」である、といって、宗門の人たちを驚倒させました。普通、空念仏というと、信ずる心もない、口先だけの念仏、落語に、仏壇の前で朝念仏を称えながら「それご飯をたく釜が吹き出している」やれ「猫が魚を狙っている」と叱言ばかりいっている老旦那が出て来て人を笑わせます。つまり心のこもらぬ、口先だけの念仏というわけで、これではいくら念仏を称えても「我もなく仏もなく」にはならないわけです。一遍の念仏は、一切を捨てた念仏です。念仏は称えさえすれば、念仏そのものの持っている徳によって往生ができるといいます。

「又或人、浄土門の流々の異議を尋申して『いづれにか付候べき』と云云」(語録121ページの第八三)について「異議のまちまちなる事は、我執の前の事なり。南無阿弥陀仏の名号には義なし。(中略)往生はまたく義によらず、名号によるなり。法師が観る名号を信じたるは往生せじと心にはおもふとも、念仏だに申さば往生すべし。(中略)たとへば火を物につけんに、心にはなやきそとおもひ、口になやきそといふとも、此詞にもよらず、念力にもよらず、たゞ火のおのれなりの徳として物をやくなり。(中略)さのごとく名号も、おのれなりと往生の功徳をもちたれば、義にもよらず、心にもよらず、詞にもよらず、となふれば往生するを、他力不思議の行と信ずるなり」と言い切っているのです。

金井先生は、空念仏こそ一遍の念仏だ、と仰言っているわけですが、すべてを捨て切った空っぽの念仏、という意味の空念仏は正解ですが、口先だけで称える空念仏が、本当の一遍の念仏とはいえません。一遍はただ、口先だけの念仏であっても、名号が本来備えている功徳によって往生ができる、と名号の不可思議な力の大きさを強調しているのです。それは、例えば法然上人や親鸞聖人が、悪人正機説を称えられます。「善人なおもて往生をとぐ、況んや悪人をや」悪人こそ救済されるということなのですが、皆さんもよくご存知の通り、この教えを「悪いことをしても救ってくださる。いや悪人であればあるほど、救ってくださる」と自分の都合のよいように曲解して、いわゆる「本願ぼこり」が横行して、問題になりました。あれと同じケースだと思います。信じる心がなくとも、名号を称えさえすれば救われる。だから信ずる心はいらないのだ。空念仏こそ一遍の念仏だ、と。第四回目の講義のときに申し上げた筈ですが、語録８８ページの第二五「又云、決定往生の信たらずとて云々」のところで「わがこゝろを打ちすてゝ、一向に名号により て往生すと意得れば、おのづから又決定の心はおこるなり」と語っておられます。「自分の心を捨てて、ひたすら名号を称えれば、自ら信心は固まるのだ」というわけです。

一遍上人の言葉 II

前回は主として一遍上人が興願僧都に送った念仏の安心についてのご返事を中心に、彼の到達した信仰の境地について学びました。一遍はそのなかで、すべてのものを捨てて申す念仏こそ、阿弥陀如来の誓願に叶うのだ、といい切っています。人間の持っている智恵、愚かな愚痴、善だとか悪だという人間の図らい、身分が高いとか賤しいとかという俗世の道理、ついには地獄を恐れ極楽を願う心まで捨てよ、というのです。一遍上人がいいたかったのは、人間の愚かな心で判断したり考えたりするすべてのものは一切役には立たない。それらのすべてを投げ捨てて、ただ口に任せてナムアミダブツと称えなさい。そのように無心になって「打ち上げ打ち上げ」念仏すれば、仏と自分が一つに融け合って、この世のすべてもまたアミダ仏の世界、極楽になるのである。だから生きとし生けるもの、山河草木、吹く風、立つ浪の音までが念仏なのだ、というのです。日本の仏教、いや中国や小乗仏教の国々をも含めて、これほど徹底した念仏の世界を表現し実践した人はないのではないでしょうか。私は不勉強でキリスト教やイスラム教のことを詳しくは知りませんが、世界の宗教でも聞いたことがありません。一遍の念仏の神髄は、まさにこの言葉に言い尽くされていると思います。

ところで、一遍の言葉を辿ってきて、皆さんのなかには、彼の念仏の世界が禅の悟りと非常に似ている、と感じられる人がおられるのではないでしょうか。たとえば、捨てよ捨てよ、すべてを捨てて、一切のはからいとらわれの心を捨てよ、そして無心になって念仏せよ、というのがそれです。第一、遊行というのは一所不住、足に任せて行乞の生活を送るわけですから、禅僧が理想とする行雲流水の旅に非常によく似ています。その一遍と禅を結びつける話があります。語録65ページを開いて下さい。

「宝満寺にて、由良の法燈国師に参禅し給ひけるに、国師、念起即覚の話を挙せられければ、上人かく読て呈したまひける。『となふれば仏もわれもなかりけり南無阿弥陀仏の声ばかりして』、国師、此歌を聞て「未徹在」とのたまひければ、上人またかくよみて呈し給ひけるに、国師、手巾、薬籠を付属して、印可の信を表したもふとなん。『となふれば仏もわれもなかりけり南無阿弥陀仏なむあみだ仏』」

上の句の「となふれば仏もわれもなかりけり」までは同じですが、下の句が違います。「ナムアミダブツの声ばかりして」は、念仏を称えている自分の他にそれを聞いている人がいる。つまり、本当の仏もわれもなかりけりの境地ではない、というわけです。そこですかさず一遍上人が「ナムアミダブツ、ナムアミダブツ」と、ただ念仏の声のみが存在する、といい換えたので、法燈国師が印可を与えた、というわけです。

この話の舞台となった法満寺は、一遍上人の墓所のある神戸兵庫の真光寺にほど近い神戸市長田区東尻池町にある禅宗の寺ですが、この法燈国師に参禅の話は、聖絵にも絵詞伝にも載っておりません。ただ語録90ページの第三一「又云、漢土に径山といふ山寺あり、禅の寺なり。麓の卒都婆の銘に『念起是病、不続是薬云云』由良の心地房は此頌文をもて法を得たりと云云」とあり、紀州由良の興国寺開山、心地房・覚心法燈国師の名前が出てきます。この同じ話が167ページの播州法語集第四〇のところにも出ていますので、もともとは播州法語集にのせられていた話を、一遍上人語録に収録したもののようです。

ところで法燈国師という人ですが、承元元年（一二〇七）生まれ〜永仁六年（一二九八）没といいますから、一遍より三十二年早く生まれ、一遍の死後八年目に九十二歳で亡くなった禅僧です。先に述べました通り、和歌山県由良町の興国寺を開き、普化宗、つまり虚無僧の元祖です。正式には臨済宗法燈派といいます。東大寺、高野山で禅密を学び、道元に菩薩戒を授けられたといわれます。建長元年（一二四九）に入宋、禅を学び、宋の護国寺で無門慧開の印可を受けて建長六年（一二五四）に帰朝しています。建長六年といえば、一遍は九州太宰府の聖達上人の膝下で浄土教の勉強中の十六歳です。帰朝した人は、いったん太宰府に寄るでしょうから、あるいはそのころ、覚心の話を一遍が聴聞した、というようなことがあったかも知れません。覚心は中国帰りの超インテリ僧として名高かったでしょうから、少なくとも、名前はよく知っていたでしょう。覚心は亀山天皇、後宇多上皇の帰依を受け、当時としては飛ぶ鳥をも落とす声望を集めていたわけです。

実はこの一遍参禅説については、最近は史実ではなく、伝説であるとの意見が強くなっています。一遍の側にも覚心の側にも、記録として両者の接触がまったく残っていないのが最大の理由ですし、はじめの歌の「ナムアミダブツの声ばかりして」の歌は、一遍の死後三十七年に遊行六代を継いだ一鎮上人の作だと見られています。その一鎮上人の作に「ナムアミダブツ、ナムアミダブツ」の歌をくっつけて、室町時代の高野聖たちが全国に広め、一遍と覚心との話にしてしまった、というのが、この話の実在を否定する側の根拠です。南北朝から室町時代にかけては、時衆が庶民の間に最も振るったときであり、禅宗は貴族や高級武士の帰依は集めていても、庶民の心をとらえるところにまでは達していなかった。庶民層への浸透をねらって、禅宗側が意識的にこの話を広めたのではないか、法燈国師は一遍の師匠であり、偉いのだ、従って時衆よりも禅宗の方が上位なのだという、単純にいえばそのようなムードを作るために禅宗サイドがこの話を利用した、というわけです。ただ確かな証拠はありませんが、室町時代に時衆と禅宗が末端ではまぎらはしくなっていたのは事実らしく、そのころ禅時論などという本が出版されて、時衆と禅とは違うのだ、と強調しています。いずれ「時衆の展開」のところでお話いたします。

なにはともあれ、一遍語録のなかに、禅の人たちがよく使う「本来無一物」（語録116ページ第七七）という言葉が出てきます。「又云、本来無一物なれば、諸事において実有我物のおもひもなすべからず。一切を捨離すべしと云云。これ常の仰なり」。もう十年ばかりの昔になりますが、田辺町の一休禅師ゆかりの酬恩庵へお参りしたことがあります。一休禅師のお木像を拝み、お庭を拝観して帰ろうとしましたら、記念品売場に「となふれば仏もわれもなかりけりナムアミダブツ、ナムアミダブツ」と書いた壁掛けがあるではありませんか。どうやらどこかで印刷されたものらしいのですが、私はびっくりしました。歌のわきに一遍と名前が書かれ、顔が描かれているのですが、この壁掛けの作者は一遍さんの顔を知らなかったらしく、私たちのなじんでいる一遍上人とは似ても似つかぬ絵でがっかりしました。いまも売られているかどうかは、その後、酬恩庵へお参りしていないので分かりません。一遍上人の歌が、どうして一休さんをおまつりする禅寺で売られているのか。恐らくこの歌が禅の理想的な心境を表現したものとして、禅宗系の寺で売られているらしく思われました。一遍と一休、時代はかなり離れていますが、権力を嫌って南山城の田舎に隠遁し、権力に近付こうと躍気になっている兄弟子たちを罵倒し続けた一休禅師と一遍上人の間に、なにやら通ずるものがあるようにも感じられます。そして、一遍の行動とその思想に、極めて禅的な雰囲気があるのもまた事実です。一遍の参禅説にはこれらの背景がありまず。鎌倉浄土教を代表する三祖として、常に法然、親鸞、一遍の名が挙げられますが、禅的な色彩を感じさせるのは一遍のみで、ここにも一遍という人のきわだった特徴があります。もちろん、時代の違いにもよりますが。

さて前回お約束しました通り、間違いなく一遍上人の作である「誓願偈文」、宗門では「発願文《ほつがんもん》」と呼びならわしています。語録21ページを開いてください。この発願文は、一遍が弘安九年、満四十七歳のとき、山陰の旅を終えて畿内を遊行され、四天王寺から住吉大社、聖徳太子の河内磯長陵、大和当麻寺、山城石清水八幡宮を巡られたとき、当麻寺で書かれたものです。一遍はその三年後に亡くなるわけですが、このころ、京都で爆発的な歓迎を受けて二年後です。従って時衆集団に加えてほしいという希望者が、どっとふえたのではないでしょうか。もちろん本当に世の無情を悟り、悩みに悩んだうえで念仏者の道に身を投入してくる人が多かったでしょうが、なかには、衝動的に、あるいはムードに魅力を感じて、といった人もあったようです。

亡くなる前年に故郷の伊予へ帰り、最後のお別れをした一遍は、自ら死場所と決めていた播州印南野加古の沙弥教信の遺跡をめざして、讃岐―阿波と最後の遊行を続けるのですが、聖絵第十一の冒頭に「阿波の国へ移り給ふ。聖いかが思ひ給ひけん『機縁すでにうすくなり、人教誡を用ひず、生涯いくばくならず。死期近きにあり』との給ひけるを、人々あやしみ思ひけるに」云々と書いています。「機縁すでにうすくなり、人教誡を用ひず」というところに、上人の歎きがひしひし伝わって来ます。一遍は常々「わが化導は一期ばかりぞ」といって、教団を作る気持ちは全くなかったのですが、こういった、いわばバブル的志願者たちのためにも誓願偈文を作って改めて誓いをさせる必要を感じられたのだ、と思います。時宗に入るときには、知識である遊行上人の前で、この発願偈文を読み、鏧を打って、決して誓いを破らないことを誓ったのです。

そのせいでしょうか、この発願文を書かれた後、翌年春には播磨の松原八幡宮で「別願和讃」を、続いて先日お話しをした「十二道具文」を書いて、弟子たちに時衆としての心得を示されるのです。発願文、つまり誓願偈文は、在家勤行式に、非常に読みやすく印刷されているのでコピーいたしました。一度ゆっくり読み下してみましょう。「身命を惜しまず」（不惜身命）というところに、私は一遍の鎌倉武士としての片鱗を垣間みる思いがします。

語録114ページの第七四を見てください。「又云、およそ一念無上の名号にあひぬる上は、明日までも生きて要事なし。すなはちとく死なんこそ本意なれ。然るに、娑婆世界に生きて居て、念仏をばおほく申さん、死の事には死なじと思ふ故に、多念の念仏者も臨終をし損ずるなり。仏法には、身命を捨ずして証利を得る事なし。仏法にはあたひなし。身命を捨るが是あたひなり。是を帰命と云なり」。「仏法には、身命を捨てずして証利を得る事なし。身命を捨るが是れあたひなり」とは、激しい言葉です。一遍が、念仏一途の道に命をかけていたからこそ、この言葉が出て来たわけです。そして、一般の人には分かりにくいのが「善悪を説かず、善悪を行ぜず」ですが、これは先に申し上げました通り、これは善で、これは悪だというのは、まったくもって愚かな人間の判断である。そんな心品のさばくりに、何の価値があろう。この世の中での真実はナムアミダブツだけである、というのです。

そこで思い出しましたのが、つい最近花園大学の学長を退かれた盛永宗興老師のお話です。朝日カルチャーセンターが出している講座カセットがあります。そのなかに盛永老師の「仏のいのちを生きる」というカセットがあります。私は実はそのお話の聞き役を仰せつかり、質問などをさせられたので記憶しているのですが、かつて妙心寺に老婦人が、若い修行僧たちの面倒を見ておられた。非常に真面目な方で、若いころには女学校の先生をされて、インテリでもありました。もちろん禅の修行も積まれた人ですが、あるとき、盛永老師に話を聞いてほしいという。どんな話かというと「自分はいままで、すべてのことは自分なりの判断でやって来たけれど、最近歳をとって死のことを考えると、恥ずかしい話だけれど、死ぬのが怖くて仕方がない」というのだそうです。老師ははじめ「この人にして」と、意外に思われたそうですが「貴女は間違いなく救われている。仏の命を生きているからである。だから死ぬことを怖がってはいけない。いや怖がる必要は少しもない」と、話されたのだそうです。この老婦人は、独身で子どももない孤独な身の上だったそうですが、最期は安らかに逝かれたというのです。この人は多分、頭のよい人だったのでしょう。何か起こると、どちらが善いことか自分の判断で通して来たけれど、死ぬという問題だけは、どう考えても判断がつかず、だからでしょうが、余計に恐怖心にさいなまれたのではないでしょうか。一遍上人の「善悪を説かず、善悪を行ぜず」とは、そこのところを指しているように思われます。この老婦人は盛永老師から「貴女はすでに救われている」といわれて、初めて善悪にとらわれていた善悪地獄から脱け出すことが出来たのです。

最後の部分が、宗内で伝えて来た文言と語録に掲載されたものとが、やや違っています。意味はまったく同じです。

原文が漢文だったために、ただ読み方の違い、と申し上げておきましょう。私は、勤行や月参りや法事の席では必ずこの発願文を読みます。席に連なっている人たち、というよりむしろ、自分に言い聞かせる、自分を戒めるためです。

一遍上人がこれをお作りになった下敷きに、善導大師の「願弟子等、臨命終時、心不転倒、心不惜乱、心不失念、身心無諸苦痛」という発願偈があることは間違いありません。言葉も非常によく似ています。しかし、先ほど述べましたように「身命を惜しまず」とか「善悪を説かず、善悪を行ぜず」のように、自分の思想を、自分の言葉で語っておられるのです。

一遍上人没後の時衆

一遍上人は正応二年八月二十三日、新暦に直しますと九月下旬、今年はたまたま、この講座の九月の最終回の二十八日に亡くなった、と先日も申し上げました。聖絵によりますと、一遍はかねがね「わが化導は一期ばかりぞ」といい、教団をつくって残そうなどという考えはまったくなかったようであります。亡くなる直前に「一代の聖教皆尽きて、南無阿弥陀仏になりはてぬ」といって、持っていたお経や、自分が書いた物すべてを焼いてしまったのも、死んだあとで後継争いが起きるのを防ぐためでもあったのではないでしょうか。また「没後の事は、わが門弟におきては葬礼の儀式をとゝのふべからず。野にすてゝけだものにほどこすべし。但在家の者、結縁のこゝろざしをいたさんをば、いろふに及ばず」と遺言して、在家の人たちの意思に任せてしまったのも、恐らくは同じ思いからでしょう。

聖絵によりますと、結果的には「在地人等まゐりてご孝養し奉るべき由申ししかば遺命にまかせてこれを許しつ。よりて観音寺のまへの松のもとにて荼毘したてまりて在所のともがら墓所荘厳し奉りけり」と記して、五輪塔の墓と一遍の木像を収めた小さな建物が建っている絵が描かれています。もともと、ここは光明福寺という寺の観音堂のあったところです。聖絵が描いているお木像はなくなっていますが、真光寺のご廟所には五輪の石塔と、ご廟の南東の角に「一遍上人荼毘所」という石碑と、阿弥陀如来の石の座像が安置されています。この石仏は「願いごとを叶えてくださる」という言い伝えが、いつのころか秘かに伝えられて、入学試験などのころになると、お参りに来る人があるそうです。それだけ、一遍上人が、地元の人たちに親しまれて来たことの証しでもありましょうか。

これは余談でしたが、聖絵には「彼の五十一年の法林すでにつきて一千余人の弟葉むなしく残れり」と書いています。当時すでに一遍の門弟が千人を超えていた、というのです。そして「互ひに西刹の同生をちぎりて、こゝに別れ、かしこに別れし心のうちすべて詞のはしにも述べがたく、筆の跡にも記しがたくこそ侍りし」と聖戒は書いているのです。

ところで、聖絵の記述はここで終わり、後は聖絵が生まれたゆえんが述べられています。これから以後は、一遍上人縁起絵、遊行上人縁起絵、いわゆる「絵詞伝」を頼る以外に門弟たちの動静を辿ることができませんので、絵詞伝によることにいたします。

最初にもお話しました通り、絵詞伝は、一遍の高弟でその跡を継いで第二祖、宗門では大上人と尊称されている他阿弥陀仏真教の弟子平宗俊が編集したもので、全十巻のうち前半の四巻が一遍、後半の六巻に真教の事跡が書かれています。宗俊の絵詞伝の編集の狙いは、真教が一遍の正統な後継者であることを強調し正当化する点にあったようです。記録として残ってはいませんが、一遍亡き後、後継者として一番手に上がっていたのは、腹違いだったようですが弟とされてきた肉身の聖戒です。彼が編集した聖絵には、修行時代の一遍に従って、それを助けたとか、熊野成道のあと、一遍から賦算（念仏札配り）の形木を与えられて賦算することを許された、あるいは臨終近くになって、一遍が自分と聖戒の間に他人が入ってはならないといったとか、最後の遺戒の言葉を書き留めさせられたなど、自らの優位性を強調する文章が各所に見えます。しかし、十六年に及ぶ一遍の遊行に（正確には十二年）終始付き添って実際に労苦を共に分かってきたのは、肉身以外で初めて弟子となった真教です。これは私の想像ですが、いかに聖戒が一遍との間の優位性を強調しても、時衆のメンバー全体からみますと、より真教に親しみがあったと思います。

従って四巻の一遍上人の事蹟については、八年ばかり前に出た聖絵を踏まえて書かれていることは明らかです。ただ、例えば一遍の熊野成道の年を、聖絵が文永十一年としているのに対し、絵詞伝では二年後の建治二年とするなど、記述に一部違いが出ています。これらも恐らくは、真教の後継者としての正統性を印象づけるための操作らしいことが、最近の研究では指摘されています。当時の人たちにとって、年号が一年や二年違っていても、大したことではないといった感覚があったらしく思われます。従って、皆さんが混乱されるのを避けるため、私はここまでは、ほとんど聖絵一辺倒で話を進めてきたわけです。

さて、その絵詞伝は、一遍の死後の門弟たちの動向をこう書いています。絵詞伝巻五の冒頭です。

「さて、遺弟等、知識にをくれ奉りぬるうへは…誠に権化の人ならでは、かゝる不思議はありがたかるべき事にや」。

これによりますと、真教とともに神戸市北区の町村合併前の有馬郡山田村にある丹生山の山中の極楽浄土寺跡に籠って餓死しようとした人数がどれほどの人数だったか、定かではありませんが、想像しますと、他阿真教は一遍の一番弟子で、一遍の遊行には建治三年（一二七七）以来、師一遍が亡くなるまでの十二年間、常に身近にいて師を助け、勤行の際には勤行をリードする調声をつとめてきた、門弟中の中心的役割を果たしてきたことだけは疑いのない事実です。

絵詞伝は、一遍が兵庫の観音堂へ入ったころの出来事として、次のエピソードを掲載しています。

「さて兵庫の島へ渡りて観音堂に宿し給ふ。その比、他阿弥陀仏病悩の事ありけるに聖曰く、我れすでに臨終近付きぬ。他阿弥陀仏はいまだ化縁つきぬ人なれば能々看病すべきよしの給ふ。而るに所々の長老たち出で来たりて、御教化につきて、機の三業を離れて念仏ひとり往生の法と領解し侍りぬ。然而猶最後の法門うけ給は覧と申しければ、三業のほかの念仏に同ずといへども、ただ詞ばかりにて義理をも心得ず、一念発心もせぬ人どものとて、他阿弥陀仏念仏はうれしきかとの給ひければ、やがて他阿弥陀仏落涙し給ふ。上人も同じ涙を流し給ひけるにこそ。直也人にあらず、化導をうけつぐべき人なりと申しあひけれ」。

一遍の臨終近しと聞いて、所々で布教活動をしていた時衆の長老たちが集まってきて、最後の法門を聞かせてほしい、と懇願したのに対し、一遍は、口ばっかりで本当の念仏をわきまえず、一念発心もしようとしない者たちの、ぬけぬけということよ、と非常に強い口調でなじるわけです。そして一遍の最後の遺誡を続けています。

「さて遺誡の法門を書き給ふ。五蘊の中に衆生をやまする病なし。四大の中に衆生をなやます煩悩なし。（中略）しかあれば、みづから一念発心せんよりほかには、三世諸仏の慈悲もすくふことあたはざるものなり」。

この遺誡は前回の一遍上人語録抜萃に掲載しておきました。つまり、絵詞伝は一遍と真教の間には、ナムアミダブツについて他の長老たちより一段と高い次元の理解、領解があって、真教こそ一遍の後継者である、と宣言しているのです。「ナムアミダブツはうれしきか」という一遍の問いに真教が黙って涙を流し、これをみて一遍も落涙したという話は、なにか禅の世界との近似性を感じさせます。

それやこれやを考えますと、兵庫観音堂から北へ十五キロばかり離れた丹生山に登ったのは、一遍の死を見送った時衆のメンバーの大多数が参加したように推察できます。それから「粟河というところの領主」というのは、聖絵に「六十万人の融通念仏は同日、播磨の淡河殿と申す女房の参りて」とある、あの女性の夫でしょう。いずれにせよ、他阿弥陀仏真教は、このようにして一遍の後を継ぎ、遊行賦算の旅に出ます。時衆は新しい指導者を得て、教団化への道を歩き始めます。

真教は、師一遍上人の残したものを忠実に伝えていこうとしました。しかし、彼には一遍とは決定的に異なる発想があり、それ故に心ならずも師の教えに背く結果となったのです。それは、真教には時衆教団を作るという使命感が強くあった、ということです。師一遍の教えを後世に伝えるためには、どうしても道場を建て、道場を支えるための庇護者、つまり檀那を探さねばなりませんでした。

一遍は教団を作る意思を持たなかったので、時衆のなかに上下関係を作りませんでした。名号の前にはすべてが平等であり、一遍でさえも例外ではありません。ただ一遍は、衆生が救われるための手助けをする「知識」優れた能力の持ち主で、導き手のような存在といってよいでしょう。

そして、一遍の強力なカリスマ性が、時衆を統制していたわけです。

時衆の僧尼は、一遍の言葉を金科玉条として守りました。しかし、一遍の体力の衰えと反比例してふえる時衆たち。かなり厳しく選別はしたようですが、質の低下は覆うべくもなかったようです。その一遍が亡くなり、カリスマ性が失われてしまったわけですから、真教の苦労は並大抵のものではなかったでしょう。

ここで、時衆独特の戒である知識帰命戒、正式には帰命警戒についてお話をしておきます。この戒に対しては、一遍上人の時代からあった、とする人と、他阿真教の作だ、とする人と両説があります。

知識とは善知識のことで、教授の善知識、仏の教えに縁を結ばせてくれる指導者という意味です。とくに時衆では、知識を仏の使い、のちには阿弥陀如来の代官、さらには如来と同格とまであがめ、絶対的な力を持っているのです。知識は時衆に極楽往生を約束してくれる代わりに、時衆は知識にすべてを任せ、絶対服従します。ですから、知識は往生、不往生の権限さえ持っていて、知識に「不往生」と判定されれば、往生ができないことになり、生殺与奪の権を知識が握っているわけです。

コピーでお配りしましたのは、絵詞伝巻六の「永仁五年（一二九七）の比、上野国を修行ありけるに、或所にて武勇を業とするをのこ一人来りて、時衆に入るべき由いひければ、聖曰く…」というくだりで出て来ます。ここでいう聖はもちろん真教のことです。私が『』印をした間が帰命警戒です。遊行上人の前でこの帰命戒を唱え、金磬を三度たたいて時衆に入ることが許されます。これを「金口の誓い」といって、時衆では最も重要な誓いと見なしています。

ところが、一遍上人のことをあれほど記録している聖絵に、帰命戒のことがまったく出てこないのです。知識という言葉は、例えば吉備津神社の神主の息子が、備前福岡の市で一遍に切りかかろうとして、逆に剃髪してしまったくだりに「即ち本鳥を切りて聖を知識として出家をとげにけり」とありますが、帰命戒のことには触れていませんし、画面に「金口の誓い」をしているらしい様子はありません。そんなことから「知識」という言葉や思想は、一遍在世のころから使われていたのでしょうが、帰命戒を唱えて、金口の誓いをするような形式ができたのは、真教が指導者になってから、と思われます。

一遍上人には強烈なカリスマ性が備わっていたので、知識帰命は自然発生的に行われましたけれども、真教の場合、とくに初期のころは、教団の統制をとるために、絶対服従の帰命警戒を持ち出さざるを得なかった、ということでありましょう。なお、この帰命戒を中世武士社会の主従関係に関連させて、一遍が武士社会のご恩と奉公の論理を持ち込んだのだ、と主張する人もあります。

さて、真教という人は、絵詞伝にも書かれた通り柔和な風貌で、面に慈悲の色が深かったといいます。師の一遍上人とはまったく対照的で、現存している木像を見ましても、顔立ちがふっくらしています。彼は丹生山で淡河の領主に初めてお念仏札配りをした後、越前の国府武生へ向かいます。

「正応三年夏、機縁に任せて越前の国府へ入り給ふ、当国総社より召請ありける間、七日参籠して」といいますから、武生総社から越前の各地を回り、翌年と翌々年は加賀国、次の年は越後に姿を現わします。ということは当然、越中も遊行したことになりますが、この間、三度にわたって越前の惣社へ行き、歳末の別時念仏などをしているので、余程強いつながりが越前惣社にはあったようです。

しかも三回目の正応五年秋には、平泉寺の衆徒数百人が総社を取り巻き、なかで念仏している時衆に石礫を投げましたけれど、一時間近く投げても、一向に時衆に当たりませんでした。いったん引き返した衆徒たちは、再びとって返し、リーダーである真教を引きずり出せ、と乱入するのですが、どうしても真教が分かりません。そこで、今度は惣社の神主に、時衆を追い払わねば神社の宝物を壊し、罪科に処する、と脅して来たため、それをきいた真教は、夜のうち加賀へ移り、騒ぎは一応収まります。この事件では、平泉寺の法師が押し寄せると事前に聞いた地元の結縁衆が、雌雄を決すべしといきり立つのを真教が割って入り「この事において、聊かなりとも喧嘩をも引き出し給わば、永く師弟の契約を変ずべし。在家の人をこそ引導すべき身なれ、在家に助けらるべき謂れ侍らず」と言い切って、無抵抗を貫くのです。

このほか、甲斐の国では、日蓮宗徒が道場へ乱入して狼藉に及ぼうとします。これに対し真教の信者の一人が、自分の命は知識に捧げている、とまさに刃をまじえて闘おうとしたとき、両者の中へ分けて入り「仏法といふは、互ひに自他を忘れ、人我を離れて談ずる事也」といって、不審な点があるなら、後日来なさい。今日は速やかに帰らるべし、と笑いながらいったので、日蓮宗徒も機先をそがれて退いた、とあります。いずれも、真教の布教が評判となり、教線が広まって行くなかで、旧仏教側、法華信者たちから攻撃されました。それだけ浸透しつつあった、という証しであったのです。

そして、その後、病気で相模国当麻の無量光寺に独往するまでの十六年間、北陸かち上野、下野、武蔵、甲斐、信州などの関東地方を繰り返し繰り返し遊行し、有力な名主、地頭クラスの武士の要請に応じて道場を建て、自分の名代として有力な時衆の僧尼を派遣して、信者たちへの布教に当たらせて、教団としての体裁を整えて行きます。真教は、遊行を弟子の量阿智得に譲り、自分は無量光寺に止住、独住しますが、布教の最前線から退いたわけではなく、道場に止住する時衆たちに「道場制文」を書いて、規律が緩まぬよう訓薫したり、こまめに信者や門弟に手紙を出して、信仰上の疑問に答えています。その消息類は「他阿上人法語」として残されています。

一遍が一処不住で、一ヵ所に留まることなく、ひたすら前へ前へと進み、一人でも多くの人たちに福音を伝えようとしたのに対し、真教は、限られた地域を何度も往復し、道場を建てて土地土地の信者の要請に応えようとしたのです。京都の長楽寺に伝わっています七条道場文書という正和五年（一三一六）の真教の書状に「すでに道場百所許に及候」とあります。この年は、真教が八十三歳で亡くなる三年前のことです。わずか一代で百ヵ寺を超す道場を作った真教のオルガナイザーとしての才能と努力は、刮目すべきものがあります。

一遍上人が高く掲げた理想は、真教によって早くも破壊され、本来の時衆の面目が失われた、と嘆く人もありますが、もし真教上人が出なかったら、恐らく時宗教団はなく、七百五年の昔に亡くなった一遍上人の教えを、いまこうして私たちが学ぶこともなかったでしょう。

私はいま、真教上人のお話をしながら、浄土真宗を中興させた蓮如上人のことが重なって見えて仕方ありません。

時衆教団の成立と発展

前回、一遍上人の死後、彼の率いていた時衆たちが、どのようにして時衆教団を作っていったかについてお話をしました。一遍自身には教団をつくろうとの意思は全くなく、道場ひとつ建立しませんでした。ただナムアミダブツの福音を伝えるために、ひたすら遊行を続け、五十一歳の生涯を兵庫・和田岬の観音堂で閉じるのです。

理想に生き、理想を貫いて死んで行った、壮烈にして純粋な生涯でしたが、結局、彼の遺した弟子たちの多くを引き連れてリーダーになったのは高弟の他阿真教であります。

真教たちは、一度は死を望んで師一遍の亡くなった和田岬の浜から北へ十五キロばかり離れた丹生山の山中にこもります。しかし、土地の領主の淡河殿に熱心に所望されて、一遍の在世中は一遍にしかできなかった、南無阿弥陀仏六十万人決定往生の念仏札を、真教が代理として賦算、配ります。これを契機として、真教は一遍の後継者として、時衆を率いて遊行に出ます。彼は一遍のしてきたことを忠実になぞります。従って先のご賦算や踊り念仏、歳末の別時念仏、日常の六時礼讃などは全く変わりなく継承されますが、真教には師の教えを後世に残さねばならぬ、という使命感がありました。ここが最も大きな両者の違いだったわけです。

そのために真教は、遊行中に、むしろ積極的にスポンサーにして庇護者である土地土地の有力者、地頭や名主といわれる層の求めに応じ、道場を建て、坊主として弟子たちを派遣するのです。道場はみるみるうちに増加して、真教が師と同じ十六年の遊行を終え、相模国の当麻に無量光寺という道場を建立し、遊行を弟子の智得に譲って独住してからも、信者や弟子たちに手紙を頻繁に送って教線を拡大し、彼が亡くなる少し前には、道場の数が全国で百ヵ所に及んでいる、と自らの有阿弥陀仏への消息（七条道場文書）に書いています。

その法語および消息類は「他阿上人法語」全八巻として江戸時代にまとめられ、伝えられています。道場寺院がふえることによって、教団としての体裁がととのえられるのに伴って、真教は弟子たちの結束をはかり、求心力をつくるために、帰命警戒という時衆独特の誡を設けます。この戒は知識に身命を捧げ、その教え、命令には絶対服従するという厳しいもので、教えに叛いた者は、即退団になります。時衆では受戒、入門する際には遊行上人もしくはその代理者に対し、金磬を打ってこの誓いをなすので古来、「金口の誓い」といって、大変重要視されているのです。

一遍在世中には一遍自身の持つカリスマ性によって集団は統制されてきたのですが、そのカリスマ性に代わるものとして、帰命警戒が登場してきたわけです。また、一遍の時代には、一遍以外はみな平等という思想があったのですが、教団内部に階級制のようなものが生まれ、このほかにも、真教は道場に止住する僧尼の間を厳しく戒めた「道場制文」、また念仏行者の心得をまとめた「他阿弥陀仏同行用心大綱」などを発して、教団内部の統制に心血を注ぐのです。

真教が師一遍と違ったもうひとつは、彼の遊行コースで、北陸から関東地方、そのコースの途中に当たる甲州、信州、つまり甲信越と関東地方を繰り返して回り、その他の地域には、ほとんど足を延ばしていません。

近畿では記録で見る限り、一遍上人の十三回忌に当たる正安三年に、兵庫の一遍廟で自ら調声《ちょうしょう》をつとめて法要を営んだほかは、熊野へ二度、京都へは一度しか入っていないのです。わずかに近江国の小野社と深い関係ができたため、正安四年（乾元元年）に竹生島から彦根市小野にある小野神社に参詣しています。

京都にはライバルといわれる聖戒がいて活動をしていましたので、わざと避けたのかもしれません。真教に代わって、弟子の浄阿弥陀仏が四条道場を建てて、宮中に接近して活躍し、七条仏所から寄付された定朝の邸宅跡に弟子の有阿弥陀仏に命じて七条道場を建立して、この二人に賦算の形木を遣わして、京都市中に限っての賦算を許します。以来京都では、浄阿の四条道場が四条派の本山として、また七条道場が遊行派の京都別院として発展し、南北朝・室町時代の時衆のめざましい進展を支えます。

四条道場は、いまの新京極、誓願寺に隣接して広大な寺地があったのですが、明治になって、新京極の歓楽地がつくられたとき、洛北鷹ヶ峰へ移転してしまいました。一方の七条道場はいまのJR京都駅西北側の油小路通から河原町通にかけて、これも広い敷地を誇っていたのですが、幕末の「ドンド焼け」の際に焼失し、結局は再建されることもなく、東山長楽寺に吸収合併されました。従って、七条道場に伝わった古文書類は長楽寺に保存され、道場に伝えられた崇徳上皇念持仏の弥陀三尊像は、今大戦後、戦災ですべてが焼けた一遍上人のご廟所真光寺のご本尊に迎えられています。

この話は公にされると返還問題が起きるため、ずっと秘されてきました。昭和二十一年末か二十二年初めに、真光寺の焼跡に仮本堂が建ったとき、本堂にご本尊が安置されていないわけにいかない、ということで、長楽寺のお内仏だった七条道場の伝崇徳上皇念持仏を、私と妹が背負って、兵庫へ運びました。当時は省線と呼んでいたJRは、いつも大混雑でしたから、大風呂敷に包んだ三尊仏を電車のドアを入った左側の空間に置き、押されても仏様が壊れないよう、二人で満員の乗客に背を向けて立ち、押されたときは仏像を抱えるようにして、京都から兵庫まで立ちっ放しでした。京都が始発駅ですから出来たことです。兵庫駅の改札を通ったとき、無事に運ぶことができて本当にほっとしたのを覚えています。

この話は、父も私も黙ってきましたが、父が亡くなって二十一年、長楽寺も息子さんの代になっています。このまま黙り続けていると、七条道場の崇徳上皇念持仏がこの世から消されてしまいますので、前回の講座のあと、受講生でもある真光寺総代の牧野さんにはちょっとお話しましたが、改めて当事者の一人として報告させていただきました。話が横道にそれて大変申し訳ありません。

ここで、他阿上人法語についてちょっとお話をしておきます。この本は江戸後期の安永七年に、真教の法語や消息類を集めて刊行されました。これを読みますと、真教がいかに熱心に時衆や信者たちに手紙を送り、教化に専念したかがよく分かります。

自分の後を継いで遊行回国している三祖智得に対して送られたものが、七通もあります。なかには、遊行上人としての心得を書いた「知識の命によて、辺際をも知らざるつかひへ追出されぬるうへは、私の身命にあらざれば、去来を衆生に任せて、往返たゞ人の請に応ずべし。このうへは、自身の得解は底下無善の凡夫、出離得道の縁なき罪人とひとしくして、ほとけの本願に乗ずべければ、心にへだつるもの何事にか有べき。一切衆生をもこの領解に教訓す…」の一節があります。「辺際をも知らざるつかひへ追出されぬるうへは…」とは、何と厳しい言葉でしょうか。

これに限らず真教の文章には、噛んで含めるように、老練な教師が生徒を教えるような気配りが感じられます。彼は法語、消息などの他に多くの和歌を残しており、京極為兼、藤原為守（暁月房）、冷泉為相といったこの時代の代表的な歌人と親交がありました。また藤原長清の撰述した歌集「夫木抄」に真教の歌が三十一首も入っています。

ついでに申し上げますと、前の講座で「野守鏡」という歌論集が一遍没後六年に出て、そのなかで、一遍上人のことを口を極めてののしっています。実は真教が親しくしていた冷泉為相ら先の歌人たちは、いずれも反二条派なのです。野守鏡は二条派の歌論集でしたので、一遍上人が彼らから憎まれて、ああいう風に書かれたらしい、ということになっています。

さて、絵詞伝によりますと、真教の努力によって、時衆の教練が広がっていくなかで、それをねたんで迫害しようとする騒動が二つ起こります。そのひとつが、越前惣社にいた真教ら時衆の一行に対し、越前平泉寺の僧兵が押し寄せます。これなども、急速に膨張する真教の教団に対する反発だったわけで、教団を作ろうとしなかった一遍の時代にはまったくなかったことでした。

こうして真教から智得、さらに第四祖呑海へとバトンが渡されてゆくわけですが、この呑海の時代に相模国藤沢、いまの神奈川県藤沢市に清浄光寺が建立され、遊行を五代安国に譲った呑海が独住し藤沢上人と呼ばれます。

それまで真教も智得に遊行上人を渡して同じ相模の当麻・無量光寺に独往し、真教の死後、智得が無量光寺に独住して、呑海が遊行に出たわけで、それ以後、江戸時代末期まで、藤沢上人と遊行上人の二人制による宗門経営が続きます。遊行上人は全国を回っていますので、信者は会って話を聞きたいと思ってもなかなか会えません。その点、藤沢上人が、いつも清浄光寺（通称遊行寺）にはいるわけですので、信者たちにとっては、大変ありがたいのです。しかも、呑海が藤沢山を建てたころは、鎌倉に幕府があり、真教らの努力によって、幕府の上層部にも、かなり信者がいたようです。

正慶二年（一三三三）五月、北条高時を攻めて新田義貞は鎌倉に攻め入り、鎌倉幕府は滅亡しますが、この時の藤沢上人安国が、信州金台寺へ送った国宝の消息が残っています。

「鎌倉はをびたゞしき騒ぎにて候つれども、道場は殊に閑に候つる也。其故はしげく来候殿原は皆合戦の場へ向たれば、留守の跡にて無別時候。戦ひのなかにも寄せ手、城のうちとも皆念仏にて候ける。どしうちしたりとて、後日に頸めさるる殿原、これの御房達、浜へ出て念仏者には念仏を勧めて往生を遂げさせ、戦の後はこれらもみな見知して、人々念仏の信心、弥興行志候。命延候者、又々可申承候、あなかしく南無阿弥陀仏、他阿弥陀仏　五月二十八日　証阿弥陀仏ご返事」

映画「をどらばをどれ」観賞

先週の講座では、二祖真教から五祖安国上人までを簡単にお話しました。きょうは中世の最も盛んであったころの時衆についてお話をする予定でしたが、実は開講初日と、一遍上人が信州佐久で踊り念仏を始めたというところでお話をしました文化記録映画「をどらばをどれ」が手に入りました。横浜市戸塚にある時宗親縁寺住職だった佐藤哲善さんが、生前「自分たちには子どもがいないので、せめて宗門いや日本のお役に立つものを後世に残したい」ということで私財をなげうち、東奔西走して作られた記録映画三本のうちの一本です。つい先日、佐藤未亡人のご好意で、その三本のビデオカセットをいただきましたので、とりあえず長野県佐久市跡部の浄土宗西方寺の檀家の人たちに伝わる国の民俗無形文化財「をどり念仏」を題材にしたこの映画を観賞します。

私は今年二月十日に、日本イタリア京都会館で上映された際、見せていただきましたが、案内状発送の手違いで、この上映会に出席したのは宗門関係では、私たち夫婦のほかに一人だけでした。ほかに関東などで一、二ヵ所上映されただけで、宗門の人たちでさえ、観賞できた人はほんの一握りの人たちだけです。佐藤夫人にお願いしましたら、一人でも多くの方にぜひ見ていただきたいと大変喜んで提供して下さいました。五十分ものです。

なお、この映画の冒頭に地蔵和讃、例の賽の河原の物語が出て来ますが、一遍上人と地蔵和讃とは、とくに関係はありません。舞台となっている佐久地方は、とくに地蔵和讃が盛んなところで、私が小学校一年までを過ごした金台寺という寺は、この跡部から一キロばかり南にあります。寺でも毎晩、おじいさん、おばあさんが集まって地蔵和讃の稽古をするのです。私は布団のなかでそれを聞いているうちに、いつしか覚えてしまいました。ただし言葉の意味がよく分からなかったので、文句の方はあやふやなところがありますが…。

映画のなかで、踊り念仏発祥之地と標柱に書かれていたのは、記録で見る限り、皆さんもお気付きの通り誤りといわねばなりません。聖絵には、第四巻に「同国小田切の里或る武士の屋形にて聖をどりはじめ給ひけるに、道俗おほくあつまりて結縁あまねかりければ、次第に相続して一期の行儀と成れり」とあり、絵詞伝には、信州伴野で歳末の別時をしたところ、紫雲が初めて立った、とした後に「さて其の所に念仏往生ねがふ人ありて聖を留めたてまつりける比、すゞろに心すみて念仏の信心もおこり踊躍歓喜の涙いともろくおちければ、同行共に声をとゝのえて念仏し、提をたゝいてをどり給ひけるを見るもの随喜し、聞く人渇仰して金磬をみがき鋳させて聖にたてまつりけり」とあって、小田切の里や、大井太郎の屋形で三日三晩、念仏供養して聖が帰った後

「数百人が踊り回りけるほどに、板敷ふみ外したりけるを、繕ふべき由人申しければ、これをば一遍聖のかたみとすべし、繕ふべからずとてそのままにてをき侍りけり」といった話は出て来ません。絵詞伝では従って、伴野での出来事と受け取られるのですが、ここは聖絵がはっきりと「小田切の里或武士の屋形にて聖をどりはじめ給ひける」と明記しているので、小田切を初めて踊り念仏の行われた場所と考えるのが最も自然と思われます。

そうしますと、一遍は伴野の里から、いったん大井太郎屋形のある野沢を素通りして小田切へ行き、また引き返して大井太郎の姉のために念仏供養をしたことになります。そのあと集まった数百人が踊り回って敷板をふみ破ったというのですから、小田切での踊り念仏が口コミで広がり、おそらくいくらも経っていないと思われる大井太郎屋形での念仏供養には数百人が集まり、一遍上人抜きで踊り回ったわけで、踊り念仏が、いかに熱狂的に受け入れられ、爆発的に広まっていったかが象徴的に語られていると思います。それから、映画の中で踊り手たちが「踊っている間は無我夢中で何も考えない」とか「これが幸せというのかなあと思う」と感想を語っています。

心理学的にも、頭や肩を振ったりゆすったりして飛びはねる動作をくり返しますと、一種のトランス状態に陥りやすくなります。最近ではロックコンサートの会場で、若い女の子が、しばしば失神するそうですが、あれはエクスタシーですね。

以前にも申したと思いますが、初期の踊り念仏では、踊り手だけでなく、集まってきた見物の人たちも一緒に念仏を称えるわけですから、一遍の側からいえば、これほど一度に沢山の人に、しかも大声で念仏するすばらしい結縁が出来る場はなかったのです。

この映画を見て、もうひとつ大事なことに気付きました。踊りのなかに「チャン　チャン　チャチャチャムコ」というのがありました。あれは和讃を称えず、ただ磬を「チャン　チャン　チャチャチャムコ」と叩いて、体をゆすり、足ではねるだけですが、あのリズムが、いま時宗で踊られているしとやかな踊躍念仏の節回しに非常によく合っている、ということです。

「身を観ずれば水の泡　消ぬる後は人もなし…」という一遍上人の別願和讃です。不思議なほどぴったり合っています。そこで、ここから先は私の仮説になりますが、あの「チャン　チャン　チャチャチャムコ」は本来、別願和讃を称えながら踊られていた可能性があります。しかし、言葉に仏教用語が多く、当時の農民にはかなり難解だったため、言葉だけがいつしか消えてしまい、現在のようにリズムだけになってしまいました。ですから、宗門で踊られている踊躍念仏も、初めのころは、チャン　チャン　チャチャチャムコと賑やかな囃子で、足を上げ、肩をゆすり、頭をふって踊られていましたが、野守鏡など、主として旧仏教側などを中心とした批判にさらされて、次第におとなしい囃子に替り、踊りそのものも、飛んだりはねたりのない、しとやかな、活気のない形ばかりのものになってしまったのではないでしょうか。そうしますと「チャチャムコ」こそ、当時の踊り念仏のリズムを、七百年後のいまに伝える生き証人であるということになります。

ここまで考えましたとき、「チャチャムコ」のリズムが、実際に日本の民謡のなかに残されているかもしれない、と覚えている民謡を片端から口ずさんでみましたら、ありました。山形県の有名な民謡の花笠音頭。みなさんもよくご存知でしょう。あの囃し言葉「ヤッショマカショでシャンシャンシャンシャン」は、まさに「チャチャチャムコ」なのです。それから、隠岐島に伝わる「しげさ節」という民謡があります。その囃し言葉は「シャシャリコ　シャシャリコ　シャシャリコ　シャンシャン」で、これも「チャチャムコ」のやや変形ですが、非常によく似ています。変形といえば、阿波踊の「エライヤッチャ　エライヤッチャ　ヨイヨイヨイヨイ」も「チャチャチャムコ　チャチャチャムコ　チャンチャンチャンチャン」となるわけで、同じ流れのなかにあるように考えられます。

私は民謡は大好きですが、研究をしているわけではありません。あくまでも私の仮説で、専門家の研究を持たねばなりません。しかし、信州佐久の旧跡部村西方寺に伝わる踊り念仏のリズムが、時宗の踊躍念仏の別願和讃につながり、そのリズムがまた、いまもＴＶやラジオで放送されて、日本人の歌となっている民謡のなかに生きていることに、不思議な感動を覚えます。

一遍上人は七百五年前のきょう亡くなりましたが、いまも私たちの身近なところに、生きておられるのだ、としみじみ感じる次第であります。

「中世時衆の展開」をお話するつもりが、踊り念仏映画の登場によって「踊り念仏と一遍上人」みたいな話になってしまい申し訳ありませんでした。「展開」の話は来月二十六日以降の講座でお話します。

上人のご廟所「真光寺」

本日は、一遍上人のご廟所である真光寺についてお話したいと思います。

真光寺は西月山という山号があります。なぜそう呼ばれたかについては、理由は伝えてありませんが、伏見天皇から二祖他阿真教上人が名前をいただき、昭和二十年三月の大空襲で焼けるまで、勅額があったといいますから、伏見天皇の時代に、それまでの光明福寺から真光寺と名前が変わり、実質的に時宗の寺院として認められたのでしょう。

伏見天皇は一遍上人の亡くなる二年ばかり前の弘安十年（一二八七）十月二十一日に、後宇多天皇の後を受けて天皇になります。そして永仁六年（一二九八）七月二十一日に、後伏見天皇に譲位されて上皇になります。ですから、伏見天皇と呼ばれた時期は、この間の十年九ヵ月であり、一遍上人没後で数えればざっと九年間ということになります。伝えが伏見上皇ではなく、伏見天皇といっているところから見ますと、多分この九年間のうちのどこかで真光寺になったのでしょうか。

一遍上人は京都の公卿の間にも信者がいましたけれども、亡くなった早い時期に、時の天皇が勅額を下賜されるとは考えられません。一遍上人には朝廷との接近を図ろうなどという意思は、まったくありませんでした。

京都では一遍の没後、弟といわれる聖戒さんが教線を張っていましたが、永仁六年には、まだ聖絵も完成していないのです。他阿真教は北陸と上野、下野、武蔵などの関東地方を往復していた時期です。

絵詞伝の第十巻には「同年八月十五日、摂津国兵庫嶋へつき給ふ」とあります。同年というのは正安三年（一三〇一）のことです。一遍上人の十三回忌法要を執り行うために、真教が兵庫を訪れる場面ですが、ここには真光寺という名前は出て来ません。

「さて故上人の御影堂にまうでて瞻礼し給ふに、平生の姿にたがはねば、在世の昔思ひ出でられて懐旧の涙せきあへず、十念の間、称名の声も滞り給ふ程なれば、時衆の僧尼を始めとして、結縁の道俗に至るまで悲歎の涙、たもとをうるをし、傷嗟の声耳にみてり云々」。そして、真教は、機に随ひ縁に趣きて勧進してきましたので、十三回忌の命日をめざしてきたわけでもないのに、自らめぐり会いました。「真実報恩の志感応しけりとぞの給ひける」。八月十七日から七日の別時を行いました。ちょうど結願の日がご命日の二十三日になります。

真教はその前に、武蔵国村岡というところで大病をして、命さえ危ういことがありました。それまでは一遍上人在世のころと変わらず、自らお経の音頭をとり、調声を欠かさなかったのを、以来、時衆の人たちに任せていたのですが、人々に勧められて久しぶりに調声をした、とあります。

可能性からいいますと、この十三回忌の営まれた正安三年あたりが、真光寺と呼ばれる、よい機会のように思われます。

真光寺の歴史は、意外に詳細が知られていません。これからの研究課題ですが、ひとつには昭和二十年三月の大空襲で、堂塔伽藍をはじめ、資料の類いも、ことごとく焼失してしまったからです。わずかに焼け残ったのは、一遍上人のご廟所と鐘楼、いまは取り壊しましたが、西側の中学校の塀際に建っていました四畳半の下男部屋だけでした。

幸いなことに、寺に伝わる遊行上人縁起絵、いわゆる絵詞伝全十巻の模写本は、京都国立博物館に預けられていましたので、残りました。いまは国の重要文化財に指定されています。それから、観音堂の焼け跡から小さなブロンズの聖観音立像が掘り出されました。お配りしました真光寺略伝に書かれていいます和田岬沖の海中から約八百年前に出現された、という聖観音です。後で観音堂で拝観していいただきますが、戦災の猛火にもかかわらず、火を蒙りながらも元のお姿で発掘されましたのは、奇跡としか申し上げようがありません。

他の伝えによりますと、約千百年前に中国から伝来した、ともいわれますが、いずれにせよ、一遍上人がこの地で亡くなられたときも、光明福寺の観音堂のご本尊として、一部始終に立会って来られた、唯一の〝目撃者〟でもあります。一生の間に、ひとつだけ願いごとを叶えてくださると信じられてきました。大きな願いごとがあれば、ひとつだけお願いしてください。

真光寺の境内地は、戦前までは、この北側の児童公園になっているところまであり、塔頭があったのですが、戦後、いち早くこの一帯を進駐軍が占領して、スクラップヤードにしてしまいました。

私の父は、京都の長楽寺住職をしながら、藤沢の総本山で宗学林の学頭をしておりました。ところが、終戦直後の二十一年五月に遊行六十九代一蔵上人が亡くなり、その後を真光寺ご院代だった飯田良伝上人が七十代遊行上人として本山へ上がられましたので、真光寺ご院代の宗内選挙が行われ、父が当選しました。いまでは常識のようになっていいます宗内選挙ですが、戦後になって初めて選挙で人を選ぶという公選の思想が宗門にも導入されたわけです。真光寺復興のために、単身で神戸へ赴任している父を訪ねて、初めて真光寺へ来たのは二十一年秋だったと思います。国鉄兵庫駅へ降りましたら、ただ一面の焼け野原で、ところどころに土塔が残っている程度です。少し歩きますと進駐軍の高いフェンスにぶつかり、カービン銃を肩にした黒人兵が巡回していました。

いま中学校になっている西側の学校は小学校で、鉄筋の校舎が残っていましたが、いまの児童公園のあたり、つまりかつて塔頭が建っていたあたりにはアメリカ兵のキャンプした跡だけが見えました。見たこともないものが並んでいるので近寄ってみますと、洋式トイレがずらりと残っているのです。聞くところによりますと、米軍は真光寺の敷地の大部分を接収していたので、神戸の司令部へ陳情に行きましたら、意外にあっさりOKしてヤードの高い金網を北側へ境内地の外れまでずらしてくれたそうです。

その後、神戸市の戦災土地収用法で宗教法人は強制的に土地を一割とられ、結局、米軍が返してくれた部分のほとんどが、市の児童公園になったわけです。また須佐野中学はもともと真光寺の寺小屋があって、明治時代以前は近くの子どもを集めて読み書き、算盤を教えていましたのが、学校法で道場小学校と名前を変え、戦後は中学校になって、土地も神戸市に買い取られてしまいました。

さて、一遍上人が、和田岬の光明福寺の観音堂へ入られたのは、聖絵によりますと正応二年七月十八日のことです。聖絵では「七月十八日に明石の浦にわたり給ひぬ（中略）さて兵庫の島より御むかへに船をたてまつりたりければ、いなみ野の辺にて臨終すべきよし思ひつれども、いづくも利益のためなれば、進退縁にまかすべしとて兵庫へわたりて観音堂にぞ宿し給ひける」とあり、続いて詞書は八月二日のことに移ります。明石から兵庫までＪＲの線路で二十一キロ、実際にはそれ以上あるものと見なければなりません。

聖絵では三隻の小舟に分乗した一遍上人の一行を、それぞれ四―六人の人が綱で曳いています。舟には帆が見えず、漕いでいる風も見えないので、多分、潮の流れが逆なので、人の力で曳いたものでしょう。そうしますと、朝、明石をたって、夜に和田岬へ着くのがやっとだったのではないでしょうか。旧暦の七月十八日を新暦に換算しますと、今年は八月二十四日、つまり地蔵盆のころに当たり、まだまだ残暑厳しい季節です。体力を消耗し尽くした一遍上人にとっては、厳しい気象条件だったはずです。

八月二日に最後のご遺誡を遺されます。「五蘊の中に衆生をやまする病なし。四大の中に衆生をなやます煩悩なし。…しかあれば、みづから一念発心せずよりほかには、三世諸仏の慈悲もすくふことあたはざるものなり」という、あのご遺誡です。そして「我臨終の後、身を投ぐるものあるべし。安心さだまりなばなにとあらむも相違あるべからずといへども、我執つきずしては、しかるべからざる事なり。うけがたき仏道の人身むなしくすてむことあさましきことなり」とて落涙されたといいます。

八月十日に「もち給へる経少々、書写山の寺僧の侍りしにわたしたまふ」そして「所持の書籍等阿弥陀経をよみて、手づから焼き給ひしかば、伝法に人なくして師とともに滅しぬるかと、まことにかなしくおぼえしに『一代聖教みなつきて南無阿弥陀仏になりはてぬ』との給ひしは云々」とあります。書籍類を焼かれたのは観音堂前の辺りでしょうか。

八月九日から七日間、紫雲が立ったので、そのことを申し上げると「『さては今明は臨終の期にあらざるべし。終焉の時には、かやうの事はゆめゆめあるまじき事なり』と仰せられしにたがはず、其の後はさやうの瑞相もなかりき」と、聖戒は実際に紫雲を見たかのように書いています。

ところで、私は体験として、一度だけ紫雲を見ています。あれは昭和四十六年か四十七年の夏七月の末ごろでしたが、当時、朝日新聞松江支局長をしていまして、夏の高校野球の西中国大会が、一年ごとに島根県と山口県で交代に開かれていました。その年は、島根県大田市の市民球場で西中国大会があり、それが終わって、やれやれと思いながら支局のジープで国道9号線の石見の国と出雲の国との国境いにさしかかったときです。ちょっとした峠のようになっていまして、北側に大きな入江を隔てて出雲大社のある島根半島が見えます。とても見晴らしのよいところですし、折りしも夕方にはちょっと早い、しかし、やや暮れなずんで来たかな、という、なんとなく落ち着いた雰囲気でした。高校野球の地区大会が終わって、ほっと肩の荷が降りた気分で、ジープの窓から眼下に広がる島根半島を見ていますと、淡い水色といいますか、うす紫色をした雲が、帯のようになって漂っているという感じなのです。思わず「車を停めてくれ」といって、峠の出っ張ったところに車を停めさせて、改めて見ますと、確かに錯覚ではなくて、紫色のうすい雲でした。風がなかったせいか、雲はただ漂っているようでしたが、よく見ますと、出雲大社がある辺りのように見えました。

望遠鏡でも持っていっていれば、確認できたのでしょうけれど…。そのとき思ったのですが、昔の話によく紫雲が出てきますけれど、ある条件が重なると、紫雲の発生しやすい地形があるのではないか。そして、そういう場所を、私たちの祖先は聖地として崇めて来たのではないか、ということでした。

あの日は一日中よい天気で、峠から眺めた島根半島の上には青空が広がり、ところどころに雲が浮いていました。紫雲の話は、これぐらいにしておきます。

要するに気象的に条件が揃うと紫雲が立ちやすくなる、ということで、一遍の言葉をかりますと、まさに「紫雲の事は紫雲にとへ」ということでしょう。紫雲事件は七日間続いた後、十七日に一遍が「このまま臨終すべきか」と聖戒に尋ねる出来事があります。そして十八日には聖戒を呼んで、自分の目のなかに赤い物があるか、と問い、赤い筋があると答えると、その筋が消えたときを最期と思うべしと予言します。二十一日には、日中礼讃の後、観音堂の庭で時衆に踊り念仏を踊らせますが、このときも、集まった道俗の人たちが臨終近しと騒ぎ出します。この日、西宮神社の神主に十念を与え、播磨の淡河殿の女房に六十万人の念仏札を配って、これが最後の結縁者になります。

こうして、集まった道俗が注目するなか、八月二十三日の辰の刻、午前八時ごろに、時衆の唱える晨朝礼讃の懺悔の帰三宝のあたりで、禅定に入るがごとくに浄土へ旅立たれました。

かねてから「よき武士と道者とは死するさまをあだにしらせぬ事ぞ、我をはらむをば人知るまじきぞ」と仰言っていた、その通りの静かな臨終でありました。

遺言は「わが門弟におきては葬礼の儀式をとゝのふべからず。野にすてゝ獣にほどこすべし。但在家のもの結縁のこころざしをいたさんをば、いろふに及ばず」でした。

地元の人たちが来てご孝養をしたいと申し出ましたので、観音堂の前の松木の元で荼毘に付し、在家の人たちが墓所荘厳し奉った。生前、一遍上人が案じていた通り、七人の人たちが、前の海に身を投げて死んだ、というところで、聖絵はこの伝記を終わっています。

これが、この兵庫へ着かれてから亡くなるまでの一遍上人の記録です。

さて、真光寺は一体いつから西月山真光寺と呼ばれるようになったのか、探ってみましょう。従来は二祖の他阿弥陀仏真教上人が、当時の伏見天皇から真光寺という寺号をいただき開創した、ということになっています。戦災で焼けるまでは、伏見天皇ご宸筆の額もかかっていたというのですが、いまや確かめるすべはありません。

聖戒が編纂した「一遍聖絵」は、一遍上人の亡くなったところで終わっていますので、真光寺という名前は当然、聖絵には登場しません。しかし、「遊行上人縁起絵」つまり絵詞伝は全十巻のうち後半の六巻は真教上人の事跡を書いていますので、光明福寺が伏見天皇の勅額をいただいて西月山真光寺になった、と書かれてよさそうなものですが、まったく触れられていないのです。とくに真教上人が正安三年（一三〇一）に兵庫の観音堂で師一遍上人の十三回忌を営み、感涙にむせんだとの話が、最終巻の第十巻に出てくるのですが、ここにも真光寺の名前が出て来ないのです。

ということは、正安三年には、まだ真光寺と呼ばれていなかったか、意識的に絵詞伝が伏見天皇の話を無視してしまったか、どちらかではないでしょうか。それに当時の天皇に、わざわざ勅額を書いてもらうためには、余程のインパクトがなければなりません。

一遍上人自身は、権力にすり寄ろうとする意識はありませんでしたので、その死後に天皇が自発的に寺号をつけ勅額を書いた、とは到底考えられません。だとすれば、真教上人が猛運動をやったのでしょうか。しかし、絵詞伝や他阿上人法話で見ます限り、真教上人は北陸地方と関東方面の伝道に全力を挙げていて、畿内に足を踏み入れることさえほとんどありませんでした。兵庫の観音堂で十三回忌を修した絵詞伝のくだりを読みますと、師の没後、満十二年にして、初めてお墓へお参りしたような書きぶりです。真教上人が朝廷に猛運動した、とは到底思えません。真教でないとすれば、一遍の死後、京都に入って布教活動をしていた聖戒上人です。

聖絵の最後の部分、奥書とでもいうところに、聖絵は一遍の死後十年目に完成したこと、聖絵制作に当たっては「一人のすすめ」によったこと、などが書かれています。

この「一人」を「一の人」と読んで、摂政関白藤原（九条）忠教であろうとする説が有力です。また詞書も当時の公卿の能書家が分担して書いた、ともいわれており、聖戒上人は関白を初めとする高級公卿たちの帰依を得ていたと思われます。しかも聖絵そのものが、絵巻には珍しい絹本で、詞書の部分も、色紙継ぎの手法が使われている豪華本であり、聖戒は制作に当たっては円伊を初め三～五人の絵師を伴って、一遍上人の遊行の跡を回った、というので、大変な財力がかかっています。それに聖絵制作には長い年月がかかっていると思われますが、その時期が伏見天皇の在位期間とぴったり重なっていることなどなどを思い合わせますと、真光寺の勅額は聖戒上人の線が有力ではないでしょうか。後世、遊行派が本流となり、いつしか二祖他阿真教上人に勅額が下された、と伝えられるようになった可能性が強いと思います。

それから、遊行十二代尊観法親王が、真光寺ご院代をつとめたという伝えがあります。

その鮮烈な生涯

父の死と苦悩

きょうは「父の死と苦悩」というテーマでお話しますが、その話のあとで、洛西大原野の通称花の寺、天台宗・勝持寺に隣接して建つ、同じ天台宗の仏華林山願徳寺宝菩提院に祀られている、一遍上人と父如仏さんらの供養のために納められた南無太子像について、五月十日、現地へお参りし、ご住職から短時間ですが、お話も聞いてきましたので整理して述べてみたいと思います。

まず一遍上人の生涯ですが、話に入る前に上人の伝記について、知っておいて頂かねばなりません。

一遍上人の伝記といいますと、重要な絵巻が三種類あります。国宝「一遍聖絵」全十二巻、通称「聖絵」と重要文化財に指定されている「遊行上人縁起絵」通称「絵詞伝」と呼ばれている全十巻の絵巻、最後に一遍上人の死後、遊行を継ぎ、今日の時宗教団の基礎をつくった遊行第二祖他阿真教上人が、熊野本宮に奉納した「奉納縁起記」十巻です。

しかし、残念ながら奉納縁起記は現存していません。明治十二年に本宮は大洪水のため、一切を押し流され、その後、現在の地に移転して再建されたので、恐らくこの大洪水で流失したものと考えられます。ただ、奉納の際に、真教上人が事書を認め、奉納の由来などを書いているため、絵巻がかつて存在したことだけは分かるわけです。その文章は、写本されて、伝えられています。従って一遍上人の生涯を知るには、いまとなっては一遍聖絵と遊行上人縁起絵の二つが、信頼できる資料ということになります。

そのほかにも一遍上人のことを書いた一遍義集とか、一遍上人年譜略、麻山集、一遍上人行状といった資料もあるにはありますが、いずれもずっと後世になって作られたり、資料的に信頼性の薄いものとされていますので、ここでは原則として取り上げません。ただし、これらの資料は、信頼性が薄いからといって、まったく虚構だとは言い切れないものがあります。

まず、一遍聖絵の解説から始めましょう。この絵巻物は、一遍の腹違いの弟といわれる聖戒が編集したもので、いまは総本山清浄光寺と、六条道場歓喜光寺の共有ということになっています。もともとは、聖戒が建立した六条道場歓喜光寺に伝えられました。しかし、数年前に、外部へ流出されそうになる騒ぎが起きましたため、本山が三億円を出して共有ということにして、流失を防ぎました。

奥書によりますと、聖戒は一遍上人没後十年の正安元年（一二九九）に完成させた、とあります。絵師は法眼円伊、外題は三位世尊寺経尹とされています。聖戒は聖絵を完成させるために、一遍の遊行の跡を尋ねて絵師とともに旅をしたようですが、最近の研究によりますと、聖絵は円伊ひとりが描いたものではなく、四、五人の絵師のグループによって共同制作されたと考えられています。円伊はグループのプロデューサーというわけですが、実は円伊という絵師の作品は、ほかに残されていません。また円伊自身についても、三井寺の円伊大僧正を当てる説と、土佐経隆の息子だとする説に分かれて、はっきりしないのです。ただし、描かれている地形や寺院、神社は極めて正確に描写されているので、かなりの部分は実際にスケッチされたと考えられます。

それに画面には様々な民衆が登場します。農民、商人、武士、公卿、僧尼、神職、その他、一遍上人を慕って旅する非人、乞食、ハンセン病の人たちなどなど。従来はこれらのいわれなき差別に苦しんだ人たちは、食べ物のおこぼれに預るため、一遍の後について行ったのだと解釈されていましたが、最近出版された網野善彦さんの「日本の歴史を読みなおす」という本のなかで、網野さんは、一遍上人は旧仏教が見捨てていたこれらの人たちを、積極的に救済しようとしていた。聖絵のなかに異様と思われるほど、これらの人物が描かれているのはそのためだと主張しています。

聖絵研究の新しい開拓です。とくに宗門内部では、時宗が被差別者と結びつきが強い、といわれるのを嫌って、隠そう隠そう、あるいは単に食べ物だけのことなのだ、と否定する空気が強かったのです。そうではなくて、一遍上人は、これらの社会的弱者こそ救われるべきだ、浄不浄をきらわずという熊野権現の啓示のめざすものは、実はここにあったのです。

編者の聖戒は、一遍が遊行の旅に出た直後に伊予国で別れています。しかし、その後、折りにふれて兄の許へは出かけているようですし、とくに一遍が故郷を巡り淡路島から兵庫へ渡る最後の旅に同行し、兵庫の観音堂で亡くなるまで身近に侍しています。聖戒は弘長元年（一二六一）生まれですので、兄一遍が死んだときは二十八歳、聖絵の制作は三十八歳となります。もちろん、彼がすべてを聖絵に描いたわけではなく、彼なりに取捨選択をしているので、描かれている事柄は一遍の全生涯のほんの一部にすぎません。それに当然思い違い、記録違いもあったでしょう。しかし、一遍の生涯を記録したものとしては、この聖絵が最も信頼されます。

次に遊行上人縁起絵、つまり絵詞伝です。この絵巻の原本は、先の聖絵より七〜八年遅れた徳治二年の前と考えられています。というのは、京都四条道場金蓮寺に模写本全二十巻があり、その奥書に模写本の完成が徳治二年初夏とあるからです。他阿真教の弟子宗俊が編集、全十巻のうち前四巻が一遍、後の六巻には真教の事跡を描いています。
先の四条道場本もそうですが、布教用に使う目的だったらしく、全国の主要寺院に模写本があったようです。そのうちのひとつ、一遍のご廟がある真光寺本の奥書に元亨三年（一三二三）平宗俊と書かれていて、もしこれが宗俊と同一人物であれば、というところから、真教が遊行第二祖を継ぐ際にきっかけをつくった粟河の領主粟河時俊の子粟河宗俊ではないか、とも推定されています。

いずれにせよ、絵詞伝は、内容的には真教が一遍上人の高弟として、いかに後継者の資質を備え、一遍と同じように奇瑞を現わしているか、という点をことさら強調しているところが目立ちます。そうしてみますと、一遍の肉親であり、その死後は京都を中心に貴族社会と交渉を持ちつつ活躍していた聖戒を、かなり意識していたフシが見えます。

真教は建治三年に九州豊後で一遍に会い弟子となってから、離れることなく師と行動をともにしていますので、その間のことは聖戒よりも詳しいわけです。絵詞伝が、聖絵の記述を基本的に踏まえながら、所々で違ったことを書いているのは、聖絵を訂正しようとする意図があるようにさえ感じられます。

聖絵と絵詞伝の話はこれぐらいにしておきますが、この二つの絵巻物は一遍上人、二祖真教上人を語るうえでは、常に登場してきますので、忘れないよう、頭に刻んでおいて下さい。

それでは、前回の講座の続きに入りましょう。聖絵でいえば第一巻の冒頭の部分で、コピーしておきましたので読んでみましょう。

故郷の伊予で、何年間在俗生活を送ったのか、聖絵は正確に書いていませんが、いきなり「文永八年の春、ひじり善光寺に参詣し給ふ」と出てきます。文永八年は一二七一年ですから、善光寺への旅が前年の文永七年に始まったとすれば、七年間、在俗生活を送ったことになります。まあ七〜八年と考えればよいのでしょうか。智真にとってはこの間、いろいろのことがあったようです。聖絵は「聖としかとは、里にひさしくありては難にあふ」という言葉を引いて、何らかの事件に巻き込まれたことを暗示しています。

絵詞伝では「此の人は伊予国河野七郎通広が子也。建長年中に法師に成りて学問などありけるころ、親類の中に遺恨をさしはさむことありて殺害せむとしけるに疵をこうむりながら、かたきの刀を奪い取りて、命は助かりにけり。発心の始この事なりけるとかや」として、親類との間でトラブルがあったことを書いています。

受講生といっしょに宝菩提院に
一遍上人南無太子像をたずねて
（平成8年5月10日）

トラブルの内容については具体的に記していませんが、常識的に考えられるのは領地問題です。事実、他の記録のなかには、それを主張しているもの、あるいは女性問題をほのめかしている書もあります。どんなトラブルであったにせよ、智真は生まれて初めて世俗の醜い葛藤の渦中に巻き込まれ、生命の危険にまでさらされたことだけは間違いないようです。悩みに悩んだことでしょう。こうして彼は再出家の道を選びますが、ある意味では、俗世のトラブルが智真を一回りも二回りも大きくしたと思われます。

さる十日に、洛西大原野の願徳寺宝菩提院と隣接の通称花の寺・勝持寺へ行ってまいりました。この教室から五人の方々が参加して下さり、お目当ての南無太子像を拝んで参りましたが、この問題を整理してお話してみたいと思います。

天台宗宝菩提院に、聖絵の制作者であり、一遍上人の異腹の弟といわれる聖戒さんが、一遍さんと父如仏さんらの供養のために奉納した聖徳太子二歳の像、いわゆる南無太子像が安置されていると分かりましたのは昭和十八年夏ごろ、戦時中のことでありました。その二年前から始まった京都府の寺院重宝調査で故田井啓吾氏が、太子像底に生じていた欠損部分から胎内をのぞかれたところ、なにやら銘文が書かれているのに気付き、調査の結果、いまコピーしましたように、聖阿弥陀仏と聖戒が、一遍上人とその父如仏、覚阿弥陀仏、行阿弥陀仏計四人の菩提をとむらうために奉納したものと分かりました。それを京大教授であった赤松俊秀先生がその著「京都寺史考」で紹介されたのがきっかけです。戦時中だったためか、このことは大きな話題とならず、その後は余り研究もされていないようです。

そもそも南無太子像というのは、聖徳太子伝暦という本に太子二歳の春の二月十五日、東に向かって合唱し「南無仏」と称えられた、とあるところから生じた信仰です。東には釈尊がおられ、聖徳太子は釈尊の生まれ変わり、と信じられ、初めは乳母に抱かれた合掌姿だったのが、やがて上半身裸の立像となり、釈尊が亡くなった涅槃会に因んで二月十五日が出てきたらしいのです。なお一遍上人の誕生日も、延応元年二月十五日と伝えられています。

まず、胎内の頭部にかわいい仏像が描かれ阿弥陀如来立像といわれていますが、私の印象では釈迦如来立像ではないかと感じました。それから、その両脇に釈迦、阿弥陀両如来名。体の後半分の中央上段に南無阿弥陀仏とあって、両脇に南無観世音菩薩と南無大勢至菩薩。写真では左側ですが、黒く写っていてよく読めません。その下に釈迦如来、大日如来とあるのが目を引きます。その下に南無阿弥陀仏が八行並び、写真には写っていませんが、その先、つまり体の側部に南無阿弥陀仏が二つ、計十行書き込まれているようです。

下段の文字は、阿弥陀経の一文と中国善導大師のもので、阿弥陀如来の衆生救済の誓願を要約した文章です。間に文殊、普賢両菩薩の名があります。さらに経文の下に、南無阿弥陀仏を中心に「仏子聖戒敬白、弘子聖阿弥陀仏敬白」と願主の名前が書かれていますが、聖阿弥陀仏という人物については不詳です。恐らくは河野家に縁のある人と考えられます、よく分かりません。その左側に、やはり南無阿弥陀仏をはさんで、右側に一遍上人と仏子如仏、左側に仏子行阿弥陀仏　仏子覚阿弥陀仏と書き込まれています。この二人も多分、河野家に縁の深い人たちと想像され、茨城大学教授の今井雅晴先生は、覚阿は時衆過去帳の弘安八年（一二八五）七月二十二日、行阿は正応二年（一二八九）八月二十三日に求めることができる、とされていますが、これも同阿弥陀仏号は多いので、特定はむずかしいのです。なお行阿の死んだ日は一遍上人の亡くなった日ですから、師の後を追って入水自殺したという七人のうちの一人でしょう。それではなぜ行阿だけが、となると分からないのです。今後の研究に待ちましょう。

ところで、聖戒はなぜ宝菩提院にこの像を奉納したのでしょうか。それがこの問題のポイントですが、まったく回答はありません。

私の質問に対し、住職も首をかしげられるばかりでした。大体この寺は戦後姿を消し、どうなったか分からず、太子像だけは勝持寺に預けられているとされていました。しかし、こんど私たちが勝持寺に隣接して建っていることを確認して来ました。

それによりますと、この寺のフルネームは仏華林山願徳寺宝菩提院といい、洛西観音霊場第三十三番札所になっていました。持統天皇の勅願といいますから、寺伝が正しければ七世紀後半の持統六八七〜六九五年の創建です。国宝の如意輪観音像と重文の薬師如来像があります。平安時代に中興され、現在の向日市寺戸町（阪急東向日駅前）に広大な境内と伽藍を構えていたようです。

昭和四十八年に寺戸町から現在地に移転し、いまは勝持寺の子院のような形になっているようです。寺戸町といえば、西山浄土宗の本山粟生光明寺に近く、深い関係にあったと、住職は話しておられました。

西山派の祖証空上人は、一遍に学問を教えた聖達、華台、一遍の父如仏の師匠です。証空は法然の弟子ですが、専修念仏弾圧事件で法然や親鸞が流されたとき、比叡山に接近して、結局、弾圧を逃れています。天台と西山の交流は、そんな点からも推定できます。

聖戒は先ほど話しましたように、聖達の下で勉強しました。一遍と違うのは、どうやら生涯、西山浄土宗と強く結びついていたらしく、時衆の証しでもあった阿弥陀仏号を持っていません。六条道場という時衆の道場を創建し、そこに住みながら、最後は鳥辺野の草庵で亡くなったのです。そうした聖戒を考えますと、なぜ兄一遍と父如仏らの追善を宝菩提院に祈ったのか、ほのかに分かるような気がします。先ほど申しましたように、この問題は、これからの研究に待つほかありません。

また、聖戒の胎内銘には、沢山の南無阿弥陀仏が書かれていました。数えると三十三あります。観音菩薩は衆生を救うために三十三種類に変化されるところから、観音霊場といえば三十三に決まっていますし、霊場第三十三番が関係なかったにせよ、観音菩薩に因んだ数字であることは間違いないでしょう。

それから南無阿弥陀仏の「無」がどうしたわけか「无」という字と二種類書かれています。もちろん気まぐれではないはずで、ここにも謎をとくカギがひそんでいるように思われます。

ここでまずお断わりしておかねばならないのは、一遍上人が一遍を名乗るのは、熊野の証誠殿で権現の示現により、いわゆる成道して「六十万人の頌」を悟った以後のことです。それまでは、初めが随縁、華台上人によって智真と改め、この名前は一遍智真という具合いに終生使いますが、とにかく一遍という名前は、熊野成道以後です。しかし、それを厳密に使い分けようとしますとややこしくなりますので、多くの場合、一遍上人と呼ぶこととします。

称名に明け暮れる日々

前回の講座では、九州太宰府の聖達上人の許で、随縁改め智真が、十二年間にわたって仏教についての基礎と浄土教学を学んだこと、そして数え二十五歳の弘長三年に父通広、法名如仏が亡くなったため、伊予に帰り、在俗生活を八年間送ったこと、それから、事実はなお藪のなかですが、どうやら所領のことで河野一族の間で争いがあり、そんな生き方に疑問を持った智真が、再び僧としての道を歩み出したこと、などをお話しました。

この再出家については、女性問題をとなえる人もありますが、最近、蒙古襲来と関連させて考える学者も現われています。蒙古襲来は文永十一年と弘安四年の二回ですが、河野家は水軍の家柄ですから、当然、国防の最前線に立たねばならない筈ですのに、そのとき一遍はともに九州から遠く離れたところへ出かけているのです。

まず文永の役の文永十一年には、聖絵によりますと、天王寺〜高野山〜熊野を巡っています。弘安の役の弘安四年には、奥州で祖父通信の墓に詣で、関東地方を遊行しているのです。鎌倉幕府は、文永五年一月に高麗の使者が元の意向を受けて太宰府へ朝貢を求めてきますと、二月には讃岐のご家人に対し警戒を命じたとの記録が残っています。

讃岐といいますと香川県ですから、当然隣国の伊予にも届いていたでしょう。しかも、河野家としては、承久の乱で幕府に弓をひいて、所領の大半を没収されているわけなので、名誉挽回、失地回復には絶好のチャンスです。恐らく一族は、蒙古襲来に対して、闘志を燃やしていたでしょう。現に一遍上人の従弟とも、あるいは従弟の子ともいわれる河野通有が、元・高麗連合軍に対し、果敢な戦闘を挑んで大活躍した話は、昔の歴史の教科書などで皆さんご存知の通りです。にもかかわらず、一遍が戦さに背を向けてわざわざ遠くの地へ遊行に出かけている、というのは、いかにも不自然といえば不自然です。

外敵襲来に対する主戦派が大勢を占めるなかで、戦争反対派の一遍に対し反発があったろうことは、容易に想像ができます。そのせいかどうか、聖絵にも絵詞伝にも蒙古襲来の話はまったく触れられていません。ただ、一遍上人が戦傷者を別府の温泉に入れさせて傷の治療に当たった、という伝説が、別府には語り継がれています。道後温泉で生まれ育った上人は、温泉の効果をよく知っていたでしょうから、恐らくは事実だと考えられます。

いずれにせよ、一遍は、物情騒然たる世情のなかで、ただ黙々と念仏勧進の旅を続けているのです。捨聖一遍にとって、戦さほど愚かな行為はなかったのではないでしょうか。

後年、丹波の山内入道という武士が、時衆となって一遍に随従するのですが、秘かに隠し持っていた武器を見破られ、一部分だけを差し出してごま化そうとするのですが、これも見破られ、「武器を持っていないと下人にあなどられるので、ついつい」と、泣く泣くすべてを捨てて、ようやく随従することを許される話が出てきます。時衆が武器の類を持つことを、一遍は厳しく規制したことがよく分かります。とにかく、一遍は戦争嫌いであった、と思われます。

さて、聖絵巻一は第二段の冒頭にいきなり「文永八年の春、ひじり善光寺に参詣し給ふ」と書き出しています。なんの目的で、とか、どうして、などという説明は一切ありません。

善光寺の阿弥陀如来は、印度、中国、日本と三国伝来の仏であると固く信じられていました。ただ、前段の最後のくだりに「たゞしいま一度師匠に対面のこゝろざしありとて、太宰府へおもむき給ふあひだに、聖戒も出家をとげてあひしたがひたてまつりき」とありますから、善光寺へ行く前に、聖戒を伴って太宰府へ行き、師の聖達上人に会ったわけです。そして聖戒も太宰府で出家し、聖達上人の弟子になるのですが、この年、聖戒は満十歳です。あるいは一遍の善光寺参詣は、聖達上人の勧めによるものでしょうか。

聖絵には、この善光寺について「この如来は天竺の霊像として日域の本尊になり給へり。酬因の来迎を示して影向を東土の境にたれ、有縁の帰依をあらためて、霊場を信州のうちにしめ給ふ。

一光三尊の形像如来の密意を表し、決定往生の勝地、他方の浄域に超えたり。誠に三国伝来奇特言語みちたえ、五濁能度の本誓思量ながくつきぬ」と善光寺のご本尊を称讃しているのです。つまり「決定往生の勝地、他方の浄域に超えたり」というところに、一遍が善光寺を選んだ理由がこめられているようです。

智真は、善光寺で善導大師の「己証の法門」二河白道の図と出あい、その絵を伊予へ持って帰ります。二河白道というのは、先ほども申し上げましたように、中国の善導大師が観無量寿経疏　散善義という著書のなかでとなえた、浄土の教えの譬え話です。

旅人が、いましも大きな河を渡ろうとしています。この河は上流が火、下流には濁流が渦巻くまことに危険な大河です。その炎と濁流の境い目に人の足幅ほどの細い白い道が通っていて、旅人はその白道を通って向こう岸へ渡ろうというのです。余りの心細さに引返そうとしますと、いま来た東の岸には、刀を振りかざした盗賊や猛獣が待ち構えています。どうしようかと進退きわまっている旅人に、向こう岸、つまり西岸から「恐れずに真直ぐ前へ進みなさい」と励ます阿弥陀如来の声がします。同時に東の岸からは、お釈迦さんが「前へ進みなさい」と教えて下さっています。

お分かりの通り、火の河は憎しみ怒りの心を表わし、濁流は貪りの心を表わしています。東岸はいま、私どもが住んでいる迷いの世界、向こう岸は仏の世界・彼岸です。

一遍上人語録巻下８６ページに「中路の白道は南無阿弥陀仏なり。水火の二河は我等が心なり。二河にをかされぬは名号なり」という言葉があります。この細い白道こそ私たちの命の綱です。いまや「名号を称えるよりほかに、私たち凡夫が彼岸へ到達できる方法はない」という浄土の教えを、二河白道図は見事に表現している、といえましょう。

親類の者に遺恨をさしはさまれ、危うく命を落とすほど追い詰められて苦悩のどん底に落ち込んでいた智真の心には、二河白道の教えが、砂漠の水のように浸み込んでいったのではないでしょうか。まさに智真が獲得した第一の回心、悟りでありました。

その年、文永八年の秋、故郷へ帰った智真は、道後から南へ十キロばかり離れた現在の松山市窪野町北谷にあった修験の寺、窪寺のほとりに小さな庵を建て、二河白道図を庵の東壁にかけて三年の間「万事をなげすてゝもはら称名す」と聖絵は伝えています。そして善光寺で得た自らの悟りの境地を七言四句に表わすのです。

十劫正覚衆生界

一念往生弥陀国

十一不二証無生

十劫という遠い昔に法蔵菩薩は悟りを得て阿弥陀如来になられた。そのときに衆生の往生はただ一度の念仏で生きながらにして弥陀の国へ生まれることが決定、約束された。十劫の遠い昔に、衆生の往生が約束されたのと、衆生の一度の念仏で往生するのとは一つであり、弥陀国と衆生界も一つであって、そこには生も死もない。弥陀の法会には仏も衆生も同時同座に連なっている。

ここでとくに注意しておきたいのは、普通「往生」というと、死んでから仏の国、極楽へ往くのだと受け取られていますが、一遍の教えは、名号を称えた瞬間、生きながらにして往生している。仏の世界に生まれているというところです。

一遍上人法語のなかに「西園寺殿の御妹の准后の御法名を、一阿弥陀仏とさづけ奉られけるに、其御尋に付て御返事」というのがあります。

「此体に生死無常の理をおもひしりて、南無阿弥陀仏と一度正直に帰命せし一念の後は、我も我にあらず。故に心も阿弥陀仏の御心、身の振舞も阿弥陀仏の御振舞、ことばも阿弥陀仏の御言なれば、生たる命も阿弥陀仏の御命なり」

いわば即身成仏です。一遍上人の念仏観には、真言念仏の影響がある、といわれますが、こんなところに現われているように思われます。そして、彼独自の念仏観がここに実を結びます。

三年の間、窪寺の庵室でひたすら称名に明けくれたということは、善光寺で得たこの悟りを、いかに多くの人たちに伝えるかを、繰り返し繰り返し考えていたのではないでしょうか。やがて、自らの決意をさらに確認するためと思われますが、窪寺の南にある菅生の岩屋へ移ります。

聖絵を見ますと、中国の山水画に出てくるような突几とした山が並んでいますが、この石槌修験の修行場は、いまもそっくりそのまま残っていて、聖絵の描写がいかに正確であるかの証しにもなっています。岩屋寺に籠るのは文永十年（一二七三）七月から数ヵ月だったようですが、窪寺の三年に及ぶ生活で練りあげた自らの信仰と、その布教方法などを再確認し、翌文永十一年の春、いよいよ生涯にわたる念仏勧進の旅が始まります。予定より話は遅れますが、熊野成道は次回にお話することにします。

熊野成道―念仏の神髄を悟る

前回は一遍上人、いや正確にいいますと僧智真のいわゆる熊野成道前夜ともいうべき、信濃善光寺から伊予窪寺での念仏三昧修行、そして菅生岩屋の修験的修行についてやや詳しくお話しました。熊野成道を三段跳のジャンプとすれば、善光寺や窪寺や菅生岩屋はホップ、ステップだったわけです。さらに重要なのは、父如仏の死によって故郷伊予へ帰った弘長三年から文永八年にかけての八年間に及ぶ在俗生活であったと私は思います。

智真は十三歳のとき、九州太宰府の聖達上人に弟子入りし、弘長三年までの十二年間、仏教学や浄土学を勉強しました。ですから、父が死ぬ智真二十五歳の日まで、俗世間のドロドロした醜い一面をほとんど知らずに過ごしました。父の死で俗生活に入らなかったら、智真という僧は、あるいはちょっと勉強しただけの学問僧として生涯を送ったかも知れません。

ところが故郷へ帰りますと、親類の者に遺恨を受けて危うく命を落としそうになったり、一説では女性問題のことで恨みをかったといわれるなど、いずれにせよ、太宰府で学問をしていたころには思いもしなかった俗世の醜い争いごとに巻き込まれてしまいました。師匠の膝下で純粋培養されていた智真には、大変なショックだったろうことは想像に難くありません。しかも、折りしも蒙古襲来を直前にして、河野一族は異様な緊張感で湧いていたのです。河野一族の将来も含めて、智真は悩みに悩んだのではないでしょうか。そして最後に智真が選んだ道は、家を捨て、地位を捨て妻子を捨てた念仏勧進の旅、遊行だったのです。

繰り返しますが、聖達上人の許で学問に励んだ十二年の間、智真はきっと様々に悩んだことでしょう。しかし、それは観念上でしかなかったのです。父の死によって伊予へ帰り、在俗生活になじむことで、本当の人間の悩みというものに出遇い、本当の苦しみを味わったのだと思います。捨聖一遍をこの世に送り出す本当のきっかけは、八年に及ぶ故郷での在俗生活によって作られたわけです。

それからもうひとつ見落としてならないのは、智真が青白きインテリではなくて、行動派の人だったことです。彼がもし青白きインテリであったなら、人間関係のドロドロのなかに溶解されてしまっていたと思われます。しかしながら、彼は敢然として善光寺へ赴き、中国・善導大師の教える「二河白道」と出あいます。そして、これから自らの生きる道を自らの手で探り当てることになります。

さて、聖絵によりますと、智真は文永十一年二月八日、超一、超二、念仏房の三人を連れ、伊予を出発します。超一は妻、超二は娘、念仏房は世話役の召使い、というのが最も有力な説ですが、念仏房は男だろうという説もあります。絵を見ますと、念仏房と書かれた人物は色が黒く、体もがっちりしていて（「絵で見る一遍上人伝」２６ページ）一見男のように描かれていますが、熊野山中で一行とひとりの僧が出会った画面（同３２ページ）では女らしく描かれており、やはり女性であったかと考えられます。ただし、信州小田切の里、ある武士の屋形で初めて踊られた踊り念仏の画面（同４８ページ）の中央で踊っている僧形の人の上に念仏房と書き込まれていて、これはどうも男っぽいのです。ですから、画面で見る限りでは男とも女とも即断しかねます。因みに、聖絵の所々に書き込まれている墨書は、研究によりますと、後世、それも江戸時代に誰かが書き込んだもの、とされています。とすれば、必ずしもこの墨書は正確ではないことになります。

時衆では通常、阿弥陀仏号で男の坊さんを○阿弥陀仏あるいは略して○阿と呼び、尼さんは○弌房と房号で呼ぶのを習慣としています。もちろん例外がありますので、絶対にというわけではありません。念仏房が男か女かは、そのこと自体さして意味はありませんので、私は通説に従い女性としておきます。それよりも、超一、超二の方が気になりますね。

先ほど私は家を捨て妻子を捨て、といいましたが、智真は初め伊予を出るときに妻と娘らしい二人を伴っていました。捨聖と尊敬された一遍にしては矛盾した行動と思われます。真相のほどは、いまとなっては究明できませんが、察するところ、この二人を伴うについては、智真は非常に悩んだと思われます。その悩みを押し切って同伴したのですから、例えば二人が懸命に同行を懇願し、智真も断わり切れなかったというような事情があったのでしょう。見方によっては、一遍という人は、本来的には情にもろい性格とも考えられ、人間性を垣間見る思いもするのです。

そして、この旅の初め、弟聖戒も伊予の桜井というところまで同行します。聖戒はこのとき数え十四歳とみられます。聖戒は聖絵の詞書のなかで「超一超二念仏房此の三人は因縁を発するに奇特ありと雖も繁を恐れて之を略す」と註書きしています。「因縁を発するに奇特あり」というところに、智真の苦悩のほどが偲ばれてなりませんね。

聖戒と別れた一行四人は、まず浪速の四天王寺へ参詣、参籠します。天王寺は浄土教の聖地であり、その西門は、極楽の東門に通じていると信じられていました。一遍上人は、この後も折りに触れて天王寺へお詣りしていますが、聖絵には（「絵で見る一遍上人伝」２８ページ）天王寺の西門で参詣の人たちに念仏札を配っている智真の姿が描かれています。「南無阿弥陀仏六十万人決定往生」の念仏札を、初めて賦算されたものとみられます。一遍上人は、お札配りのときには、札を渡すとき必ず念仏を称えるのを確かめられたと伝承されています。

ご賦算は、いまもなお遊行上人によって継承されており、時衆独特の布教法です。いまは黙って受け取る人の方が多いのですが、本来は必ず名号を称えてお札をいただいたのです。

天王寺で智真は「発願の趣きを固く仏前で結び、僧の守るべき十戒を記した願文を納め、釈尊の禁戒をいただき、たった一度の念仏を勧めて衆生済度の旅を始められた」と聖絵にあります。

智真の一行は、天王寺から高野山、そして熊野をめざします。弘法大師は同じ四国の出身ですから、智真は幼ないころから親しみを持っていたのではないでしょうか。それに、このころの仏教には、いまほど強い宗派意識はなかったようです。

この旅の目的は、阿弥陀如来を本地とする熊野証誠殿への参詣にあったと考えられます。一行は高野山から海岸線沿いに、王子、王子を拝しながら南下します。京の都から熊野詣での人たちが辿った最も一般的ルートです。なかでも、紀伊田辺から熊野の山道にわけ入る中辺路が有名ですが、智真たちもまた山の稜線のちょっと下をたどる、いわゆる熊野古道を通ります。現在の熊野古道は、中辺路町の滝尻王子から始まっており、この滝尻王子が権現の神域の玄関口といわれ、昨年夏、ここに町立の古道資料館がオープンしています。古道は数年前に国庫補助を受けて整備され、歩きやすくなっています。滝尻から山道をあえぎながら登って行きますと十丈王子を過ぎて、古道中で一番の難所とされる通称蛇越谷があります。

出来事は、どうやらこの辺りで起こったようです。この場面の画面（同32ページ）右側の山道を登って行くのが智真たち一行です。その前に立ち止まっている坊さんと二人の女性、そのお伴らしい三人。

智真が例によって「南無阿弥陀仏と称えてこの札を受け取ってください」と念仏札を差し出しますと、「私は念仏を信ずる心が起こりませんから」といって拒否されます。なおも渡そうとしますと、「信心もない者が念仏を称えれば妄語戒を犯すことになる」とかたくなに拒みます。

折りから熊野詣でを終えたらしい人の群れが、続々と山道を下ってきます。この坊さんが受け取らなかったら、後続の人たちも受け取らないだろうと思った智真は「信心が起きなくとも、とにかく受け取って下さい」と無理矢理押しつけてその場は終わったのですが、信心もない人に念仏札を配ってよいのかどうか。坊さんの主張にも一理があります。

善光寺参籠以来、思索に思索を重ねて来た智真の確信はものの見事に崩壊してしまったのです。やはり頭のなかで考えた理論は、現実の前には無力でした。彼はその足で熊野本宮へお参りしますと、証誠殿に参籠し、権現の示顕にすがったのです。

人間の力ほど無力なものはない、人間の心ほど愚かしいものはない、と常に言い続けていた彼のことです。問題の解答は、阿弥陀如来を本地とする熊野権現のお示しをいただくほかない、と考えたのでしょう。聖絵の言葉を借りますと「勧進のおもむき冥慮をあふぐべしと思ひ給ひて本宮証誠殿の御前にして願意を祈請し、目をとぢていまだまどろまざるに」とあります。つまり夢の中でのお告げではなくて、まだ目覚めている状態の中で、権現と対面します。

「白髪なる山臥の長頭巾かけて御殿の扉を押しあげて出て来られた。見ると本殿の畳敷きの長い板敷きの間には山臥三百人ばかりが、頭を地につけて礼拝している。さてはこの方が権現さまであるなと思い、畏っていると、智真の前へ歩み寄ったその山臥はこうおっしゃった。『融通念仏を勧める聖よ、どうして念仏を間違えて勧められるのか。あなたの勧めによって、初めて衆生が阿弥陀如来のお浄土へ往生するのではない。一切衆生の往生は、法蔵菩薩が南無阿弥陀仏と称えた人は必ず往生させる、との願を立てられた十劫の遠い昔に決まってしまっている。信だとか不信だとかの区別なく、また浄いとか浄くないとかの差別もない。すべての人に札を配りなさい』と」

信じているとか信じていないとかは、すべて人間の心の問題です。浄、不浄もまた同じです。そういう人間の心の働きは一切抜きにして、ただ、無心になって名号を称えなさい、というのであります。

こうして智真は念仏の神髄を悟り、自らの名を一遍と名乗ります。南無阿弥陀仏の名号は唯一、彼の好きな言葉でいえば独一絶対であり、同時に遍ねき真理である、という意味です。それに、たった一遍の念仏で往生できる、という意味も込められている、と思われます。私は、さらに踏み込んで、一遍＝名号だと考えています。

彼の弟子はすべて阿弥陀仏号を名乗っています。しかし、一遍自身は阿弥陀仏号を使いませんでした。伝承によりますと、後に遊行二代目を継ぐ真教が、九州豊後で出会い最初の弟子になるのですが、そのとき一遍は「自も阿弥陀仏、他も阿弥陀仏」つまり自他ともに阿弥陀仏であるといって、真教に他阿弥陀仏と付けられたといいます。それでいえば自阿弥陀仏一遍になるのでしょうが、一遍上人が自阿弥陀仏を名乗られた形跡はありません。

「山門横川の真縁上人へつかはさるゝ御返事」の最後の方に「唯南無阿弥陀仏の六字の外にわが身心なく、一切衆生にあまねくして、名号これ一遍なり」とあります（語録３８ページ）。この時の一遍は一回だけ、一遍だけ、と受け取られますが、繰り返し読んでいますと、一遍上人自身は「名号＝一遍、一遍＝名号」と仰言りたかったのではないか、とそんな感じがしてくるのです。

ところで、一遍上人は、熊野で超一ら三人と別れ、独り遊行を続けることになります。聖絵には「同年（文永十一年）六月十三日新宮よりたよりにつけて消息を給ふ事ありしに、今はおもふやうありて同行等をもはなちすてつ。又念仏の形木をくだしつかはす。結縁あるべきよしなどこまかにかき給へり」と記録しています。

「思ふやうありて、同行等をはなちすてつ」というのは、恐らくたよりの言葉そのままなのでしょう。「放ち捨てつ」に、一遍上人の強い意志がうかがえます。

さて、熊野を出た一遍上人は、いったん京都へ出て、都をめぐったようですが、この時の詳しい足取りは分かりません。このときにもう一つの頌偈を作っています。

六字之中
本無生死
一声之間
即証無生

というものです。

意味は、六字の名号の中には本来生死の世界はない。その称える一声の間に生死を超えた世界、悟りの世界を得ることができる、というのです。六十万人の頌を、別の言葉で表現したと思われます。

熊野本宮で権現のお示しをいただいた一遍上人は、悟りの内容を頌にまとめます。いわゆる「六十万人頌」と呼ばれるもので、先に信濃善光寺で作った「十一不二頌」と並んで一遍の思想の根本を表現したものとして時宗では大事にされています。少し話は難しくなりますが、一遍の思想を学ぶうえで、黙って通り過ぎるわけには行かないので、解釈を試みましょう。

六字名号一遍法
十界依正一遍体
万行離念一遍証
人中上々妙好華

というものです。各句の頭の字をとって六十万人と呼ぶわけですが、前にも言いましたように、一遍の配った念仏札には六十万人決定往生の六十万人もまた、このところから出ていて、六十万人だけが往生するという意味の六十万人ではなく、一切衆生を仮りに六十万人という数字で象徴させているのだ、と考えてください。六十万人頌の意味を現代語訳しますと、次のようになります。

「南無阿弥陀仏という六字名号は、すべての仏の教えをおさめた唯一絶対のものであり、生きとし生けるものが善悪邪正を持ったそのままの姿で名号に備わる徳に照らされたとき、仏の本体といっしょになる。そして、すべての修行もまた名号のなかに包まれているのだから、愚かなおのれのはからいを捨てて名号を称えさえすれば、絶対不二の悟りをいただくことができる。そのような人こそ、泥中から咲き出た白蓮華のように清らかな人なのである」

一遍という名前は、この頌から生まれたものであり、同時に一遍という名前はまた名号を指す、との一遍独自の思想を打ち出している、と考えます。一遍上人が生涯自らを○阿弥陀仏と阿弥陀仏号で呼ばなかったのは、そのためである、と私は領解しています。ただし、この考えは、あくまでも私個人の見解であります。

一遍は、熊野で権現の示顕を受けた後、それまで同行していた超一、超二、念仏房の三人と別れ、たった独りになって遊行を始めます。聖絵には、聖戒は「今はおもふやうありて同行等をもはなちすてつ」との文永十一年六月十三日付の手紙を聖からもらった、と書いています。そしてその手紙には「念仏の形木をくだしつかはす。結縁あるべきよし」とも書かれていた、というのです。念仏の形木をもらったというのは、ある意味では後継者として認められたわけですから、聖戒にとっては記念すべき手紙であったのでしょう。そして「今はおもふやうありて同行等をはなちすてつ」という一遍の言葉に、並々ならぬ決意が伝わって来ます。

悟りを開いた一遍が、一番最初にしたことは、一遍と名乗ることであり、妻や娘を捨てたことであり、念仏の形木を聖戒に送って、後継者であることを聖戒に意思表示したことでした。とくに改めて妻子を捨てたのは、彼にとって大きな転機だったのです。名実ともに「念仏勧進の捨聖」が誕生したのです。

独りになった一遍は、聖絵によりますと「熊野をいで給ひて京をめぐり西海道をへて建治元年の秋のころ本国にかえりいり給ふ」とあります。どうして熊野から京都へ向かったのか、いまは確かめる手段とてありません。師の聖達上人も父如仏も、洛西西山に縁が深かったので、あるいは西山派の祖で自分には師の師に当たる証空上人の遺跡、あるいは証空の師であった法然上人ゆかりの寺などを回ったのかも知れません。

西海道とは古語辞典によりますと、西国の海のことで、筑紫の国を指すようですから、このとき太宰府近くに住む師の聖達上人を訪ねた可能性は極めて大きいと考えますが、聖絵は建治二年、つまり成道二年後に伊予から九州へ渡り、聖達上人の禅室を訪ね、二人で風炉に入り十一不二頌の話をしたところ、聖達上人は大いに喜んで、一遍の念仏を百遍受けようと言ったことなどが記されています。

聖絵の記述にも一〇〇%信じがたいところがありますが、一遍上人自身が、亡くなる少し前に兵庫で自分の書いたものをすべて焼かれていますので、いまとなっては全く確認のしようがありません。

一遍上人が、ただ一度の念仏で救われる、念仏の数は問題ではないと説いたのに対し、聖達上人は、百遍の念仏を受けようと答えたのは、考えてみれば両者の思想の違いが感じ取れます。念仏の数を問題にする西山流念仏から結局、聖達上人は脱け出せなかったということでしょうか。

いずれにしても一遍上人の念仏思想は、当時の水準を超えていた、とも言えるようです。

いったん伊予へ帰った一遍上人ですが、建治二年に九州へ渡ります。聖達上人と共に風炉に入り仏教談義をしたのはこのときのことですが、なにしろたった一人。「九国修行の間はことに人の供養などもまれなりけり。春の霞あぢはひつきぬれば無生を念じて永日を消し」夕の雲がたなびくのに衣もない有様。衣の替りに慚愧の念を身にまとって寒夜を明かす。このようにして念仏勧進の旅を続けられたのです。たまたま出会った坊さんが、見るに見かねて七条袈裟の破れたのを寄進してくれたので、それを腰に巻いてただひたすら縁に随い足に任せて念仏勧進される状態でした。

だから日が暮れると、苔を払ってその場に野宿し、谷間の空が明けてくると、靄を踏み分けて歩く、こうして大隅国（鹿児島市）一の宮の大隅正八幡宮（現鹿児島神宮）に詣でたとき、神が和歌をお示しになったのです。

「とことはに南無阿弥陀仏ととなふれば　なもあみだぶにむまれこそすれ」

「とことは」は常々、永久に、ということですが、後年、十言葉にかけて、十念を指すとの説が出ました。ですから「常々念仏を称えていれば、ナムアミダブツと一体となり、阿弥陀様に生まれるのだよ」という意味になりますが、時衆には一気十念と呼ばれる十念の口伝があって、この歌が一気十念の根拠だといわれてきました。

さて、供養してくれる人もほとんどおらず、破れた七条の袈裟を身にまとい、乞食坊主さながらの姿の一遍が、筑前国のある武士の屋形に立ち寄ります。折りしも家の主は客と酒宴の最中です。

例によって「南無阿弥陀仏と称えて、この念仏札を受けられよ」と声をかけると、その武士はくずれていた装束をつくろい、手を洗い口をすすいで屋形の縁を降り、一遍の念仏（恐らく十念だと思いますが）念仏札をいただいたのでしょう。それっきり双方とも言葉はなく、一遍上人は立ち去っていった。すると、この武士は「此の僧は日本一の狂惑坊主じゃ。何という偉そうな態度ではないか」とののしった。それを聞いた客が「それなら、どうして狂惑坊主から念仏を受けたのです」と冷やかし半分に問うと、主は「念仏には狂惑なきゆえなり」と答えたというのです。

後になってこの話を伝え聞いた一遍上人は「沢山の人に会って念仏を勧めたけれど、この人こそ本当に念仏信者である。他の人は人を信じて念仏の法を信ずることがないのに、この人は釈尊のご遺戒である『法に依り、人に依らず』の理を心得て、遺戒にかなっている。ありがたいことではないか」と繰り返しほめられた、というのです。

「狂惑」という表現は、古語辞典には「心が狂い惑うこと」とあります。惑に重点をおけば「まやかし坊主」となりますが、「何ぞその尊き気色ぞ」と言葉が続きますから「気狂い坊主め」ぐらいのところでしょうか。普通の人なら気狂い坊主呼ばわりされて怒るところなのに、却って繰り返し褒められた。英雄、英雄を知るとでも申すところでしょう。

ところで、筑前のある武士の屋形と聖絵は書いていますが、この武士を薩摩国守の島津道忍であろうとの説があります。建治二年といえば、第一回の蒙古襲来から二年しか経っておらず、鎌倉幕府は建治二年三月に、鎮西武士に対し、海岸近くに石壘を構築するよう命じています。薩摩国主の島津道忍が、いまの福岡県北部に当たる筑前に屋形を構えていても不思議はなく、道忍の墓は鹿児島県隼人町にある時宗寺院浄光明寺にあり、この寺には島津家五代の墓があります。そして、寺伝によれば、建治三年に一遍上人が遊行され、このとき守護の道忍が帰依して時衆となった、というのです。聖絵の記録とほぼ合致しています。

さて、九州から四国へ渡ろうとして豊後国、つまり大分県に行かれたとき、国主の大友兵庫頭頼泰と会い、その帰依を受け、しばらく豊後国大野荘に逗留しました。頼泰は衣などを奉って歓待しましたが、このとき、後に一遍上人の後を継いで第二祖となった他阿真教が弟子となりました。このころ、真教の他にも総勢七、八人の弟子が随逐したらしく、一遍上人の念仏勧進の旅も、彼ひとりではなく、ここに時衆と呼ばれるグループが生まれたことになります。

ここで話は少しわき道にそれますが、今回、資料を調べていて気付いたことがあります。筑前の国で一遍は島津道忍らしい武士と出会いました。一遍がこのあと島津の領土である大隅国を遊行し、島津道忍がこのとき帰依したらしいことは、浄光明寺という、いまも鹿児島に残る時宗寺院の伝承からみて、推定できます。

一遍は四国へ渡るため豊後国へ移るわけですが、ここで今度は大友頼泰の帰依を受け、弟子も八、九人できたらしいと、先ほど申しました。大友頼泰は豊前、豊後の守護で、幕府の命により鎮西西方奉行として対蒙古戦の司令官役を勤めています。当然島津道忍とは親しかったと考えられます。薩摩から豊後へ移った一遍が、大友頼泰に帰依されたというのも偶然ではなく、恐らく島津道忍の紹介によるものと推測されます。そして、今回、資料を当たっているうちに、大友頼泰もまた法名を道忍となっていることに気付きました。これは偶然でしょうか。

踊り念仏とその波紋

今年四月からは、国宝の絵巻一遍聖絵を忠実に追いながら話を進めてきましたが、聖絵の詞書きはなかなかの名文ですけれど、いわゆる曰く因縁故事来歴を延々と述べるくだりが多く、しかも随所に専門的仏教用語が散りばめられていて、どうも一遍上人の生涯をたどるというより、言葉の解釈に時間をとられてしまいます。これでは話が堅くなってしまううえに、肝心の一遍上人の足跡が浮かびあがらない恨みがある、ということに気付きました。それで方針を変更して、聖絵に取りあげられている上人の行状、エピソードにスポットを当てつつ話を進めたいと思います。もちろん、聖絵の詞書きは大事なので、ポイントは押さえますけれど、細かい解釈や註釈は省略しますのでご了承ください。

さて、前回のお話は、筑前のある武士の屋形で、島津道忍らしい武士とのやりとりから大隅八幡宮へ参詣したあたりまででした。遊行の途中で出会った旅の坊さんが、一遍の余りにもひどい姿に同情して破れた七条袈裟を寄進してくれた、その袈裟を腰にまとって寒さをしのぎつつ遊行を続けていました。

このころは食べる物を供養してくれる人は少なく、軒を貸してくれる人もまれでした。もちろん、付き随う人はなく、孤独でひもじいどん底のような日々だったと思われます。しかし、そんな一遍に少しずつではありますが、共鳴者が現われます。

その在家信者が島津道忍であり、大友頼泰です。ともに九州の有力領主です。この大友兵庫頭頼泰の要請によって、豊後の国府に滞在しているとき、後に遊行第二祖と呼ばれる他阿弥陀仏真教が弟子となり、ほかにも数人の弟子が生まれるのです。それが建治三年秋（一二七七）のことで、熊野証誠殿で権現の啓示を受けてから三年後のことです。

つまり念仏札を配りながらたった一人で念仏勧進の旅を続けること三年にして、ようやく一遍の念仏が世人に受け入れられ始めた、ということです。そして翌年の弘安元年、真教たち七、八人の時衆を連れ伊予から安芸の厳島へ渡り、中国路を京へ向かって進む一遍上人の一行にひとつの事件が起きます。

備前国藤井というところで、吉備津神社の神主の息子の屋形で説法をしたところ、息子の妻女が一遍の話に共鳴して髪をおろし出家してしまいます。悪いことに、夫は折りしも外出して留守でした。鎌倉時代の女性といえば、女傑の誉れ高い源頼朝の妻、北条政子の名前が浮かびます。頼朝も終生政子には頭が上がらなかったといわれますが、このころの女性には行動的なタイプが多かったのでしょうか。髪をおろすなどという生涯の一大事を夫の承諾なしにその留守中に決行するという、いまの時代では考えられない行動に出たわけです。

聖絵によりますと、夫は「無悪不造」の者であったといいますから、かなりの乱暴者だったと考えられます。家へ帰って妻が尼さんになっているのを見て怒り狂います。何としてでも、その不埒な坊主を責め殺そうと、一行の後を追い、吉井川のほとりの福岡の市で追いつくのですが、一遍上人は、神主の息子の顔を見るなり「お前は吉備津神社の神主の子息か」と声をかけたというのです。その声をきくと、身の毛がよだつほど尊く感じられ、いままで怒り狂っていた気持ちがたちまち失せて、自分も福岡の市にほど近いところで剃髪して時衆となった、というのが、この事件の概略です。

この夫婦二人のほかに、弥阿弥陀仏や相阿弥陀仏をはじめ二百八十余人が出家をとげ、時衆に加わったと聖絵は書いています。

三百人近い人たちが短時間のうちに入信した、とすれば、それはこの事件の噂が広まり、一種のブームが起こったとしか考えられません。無悪不造と世間から怖がられていた男が、一遍上人のたった一言で身の毛がよだつほど畏敬の念を感じ、害心が失せたばかりか、その場で上人の弟子となり出家してしまったというのは、当時の人たちには余程ショッキングだったようです。仮に私が一遍上人の立場であったとして「汝は吉備津宮の神主の子息か」と言っても、先方が身の毛もよだつほど尊く覚えることはないでしょう。要するに一遍上人には、常人にはない迫力というか、カリスマ性が本来的に備わっていたということでしょう。

聖絵の編集者である聖戒さんは、そのことがいいたくて、このエピソードを絵巻に残したのだと考えられます。このカリスマ性と紫雲天華予言などの超能力は、上人自身がたびたび否定しているにもかかわらず、聖絵では繰り返して物語られています。多分、聖戒さんを含め弟子たちの間では、超能力現象を期待する空気が強かったようです。

それから、一遍上人は、自分の道場を持っていないので、三百人もの弟子を住まわせることはできませんでした。時衆になったからといって、一遍さんに随い遊行できる時衆は、常に二十人足らずであったことが、聖絵の画面で推定できます。残りの大半の人たちは、家に留まって在俗生活を送りながら、一遍上人の教えを守り、念仏生活を送ったものと考えられます。

次に上人と会えるのは、上人がその地、あるいはその近くを遊行するときです。なにしろ、上人自身は常に遊行の旅を続けているわけですから、どこそこへ行けば必ず会えるというわけには参りません。なかには、辺地の人たちなどのように、生涯で一度だけしか上人の謦咳に接する機会がなかったというケースも多かったことでしょう。でも考えてみますと、上人はそのたった一度の民衆との結縁を求めて遠い国々を回られたわけですから。

さて、翌弘安二年春、一遍上人は都にのぼり、高辻烏丸の因幡堂へ宿します。京都といえば、あの熊野成道直後にのぼって以来ですが、もちろん、都では無名のこの捨聖に対し、京都人の扱いは極めて冷淡でした。因幡堂といえば庶民信仰の寺ですから、各地からの参詣者が詰めかけていたので、上人は恐らく、集まってくる参詣の人たちに念仏の結縁をしたい、念仏札を配りたいと思われたのでしょうが、寺僧は上人の一行を内陣に入れず、仕方なく夜は縁の下で寝ることになりました。多分見すぼらしい上人の風体を見て乞食の類と思ったのでしょう。ところがその夜、寺の執行である民部法橋覚順の夢のなかにご本尊の薬師如来が現われ、「我れ大事の客人を得たり、もてなすべきよし」と告げられたので、夜半になって、あわてて堂内の廊に招き入れたといいます。

聖絵には、寺僧が細長い部屋に、あわてて畳を敷いている様が描かれているので、ここに上人を泊めようとしたものと思います。結局、春から八月までの数ヵ月を因幡堂で布教した後、上人は再び善光寺を志します。善光寺といえば、文永八年、つまりその八年前、在俗生活でさまざまな苦難に遇い、悩みに悩んだすえ訪れています。その時に得た二河白道の教えが、智真を救ったのです。

しかし、今回の善光寺詣では、やや違った様相でした。信州佐久へ立ち寄っているのです。佐久には承久の乱の後、佐久へ流された父通広の兄通末の墓があり、どうも通末の慰霊のために、わざわざ回り道をして立ち寄ったようです。

善光寺へ参詣したのち、奥州・江刺（現岩手県北上市）に眠る祖父通信の墳墓をはるばる訪ねて行きました。承久の乱では、通信と通末のほかに、通政が信州伊那の葉広というところに流され、この人は殺されていました。地理的に見ても、伊那から佐久を通り善光寺へというコースは十分考えられます。

聖絵にも絵詞伝にも記録されていませんが、今回の一遍上人の旅は、承久の乱で流罪となった祖父や伯父たちの慰霊を主目的とし、善光寺参詣はむしろ副次的なものだったのではないか、と私は考えます。

そして、一遍上人の生涯で、ひとつのエポックを画する踊り念仏は、佐久の里で始まります。鎮魂の意味合いの強い踊り念仏が、伯父通末の眠る佐久で生まれたのは、当然といえば当然だったのです。

なお、通信は記録によりますと、貞応二年に六十八歳で亡くなったとありますから、一遍上人が墓参に訪れた弘安二年は没後五十六年、承久の乱の承久三年からは五十八年ということになります。因みに父通広、法名如仏が亡くなったのが弘長三年（一二六三）なので、弘安二年は十七回忌に当たります。あるいは父の十七回忌を期して、伯父や祖父の鎮魂の旅に出たと推測できなくもありませんね。

ところで、聖絵は踊り念仏の登場となったあたりで、事実関係の記述の順序が、なぜか混乱しています。お手許に配ったコピーは第四巻後半から第五巻の初めにかけてをゼロックスしたものですが「同年八月に因幡堂を出でゝ善光寺へおもむき給ふ」という同年とは弘安二年のことです。そして、「その年、信濃国佐久郡伴野の市庭の在家にして歳末の別時のとき、紫雲はじめて立ち侍りけり」とありますから、佐久へ着いたのは年の暮れです。その前に都から善光寺への日数が自然に四十八日間、つまり阿弥陀如来の四十八願と同じ数字だというのです。いったん善光寺へ行き、歳末近くになって佐久へ着いたことになりますが、巻五の（絵一八）の次を見て下さい。

「弘安三年善光寺より奥州へ赴き給ふに」とありますから、一遍上人の一行は八月に都を立ってから四十八日をかけて善光寺へ行き、その後、歳末を佐久で送り、翌年に改めて善光寺をスタートして奥州へ向かったことになります。佐久は善光寺から奥州への途中にあるにもかかわらず、どうしていったん善光寺へ引き返して出発したのでしょうか。それに、先に述べましたように、都から善光寺へ行く場合、伊那を通ればもちろんのこと、よしんば伊那を通らず直接善光寺へ向かうにせよ、佐久を経由した方が合理的なわけですのに、どうしてそうしなかったのでしょうか。それが第一。

それから紫雲が初めて立ったという言葉の次に、まったく唐突に「抑々をどり念仏は空也上人或は市屋或は四条の辻にて始行し給ひけり」と、取ってつけたように踊り念仏のことが出てきます。それから空也上人の話の後、これも唐突に「同国小田切の里、或武士の屋形にて聖をどりはじめ給ひけるに」と話が急転換して、いかにも不自然な感じです。それにこの後の巻五には、佐久の大井太郎という武士の名前が出てきますのに、なぜ小田切の里のある武士の屋形と名前を伏せるのか、謎が残ります。詞書の文章が混乱している点については、例えば、大谷大学名誉教授だった故五来重先生などは、後世、聖絵を修理した際に、継ぎ張りの順番の前後を誤ったものであろう、と推論されています。

この講座でたびたび申し上げてきましたように、踊り念仏は、少しでも多くの人に念仏を称えてもらうことを使命としている一遍上人にとって、最も効果的な布教手段でした。

人々は踊り念仏を見ようと、遠くからも集まってきます。一遍は語録のなかで（111ページ第六九）「念仏の下地をつくる事なかれ。惣じて、行ずる風情も往生せず、声の風情も往生せず、身の振舞も往生せず、心のもちやうも往生せず。ただ南無阿弥陀仏が往生するなり」と語っています。つまり、身の振舞いや行ずる風情で往生するのではない。どんな振舞いであろうとも、南無阿弥陀仏ととなえる、その南無阿弥陀仏が往生するのであると。踊っている人たちは、次第に没我の境界に入って行きます。周囲に集まった人たちも、いっしょにナムアミダブツを称えます。そこには善だとか悪だとか、救われたいとか、地獄が怖いだとか、人間の分別を超えた絶対の世界が開けるわけです。それこそ「法の道をば知る人ぞ知る」の境地ではありませんか。

踊り念仏は、すでに空也上人が平安末期のころから都のあちこちで行っており、一遍上人の時代にはほかにも色々なものがあったらしいのです。しかし、一遍上人が踊り念仏を始めると、それは遼原の火のごとくに広まって行きます。恐らく上人のカリスマ性があずかって大きかったと思います。いわば、それまでは遊行という細い線でしか布教できなかったものが、一躍、面として一度に多くの人たちに布教できるようになったことになり、一遍上人の名も鎌倉や都、それから当時ようやく発展し始めた街道沿いの中小〝都市〟を中心に喧伝されるのです。次回はいよいよ鎌倉入りについてお話しましょう。

命をかけた鎌倉入り

きょうは一遍上人の鎌倉入りについてお話しますが、その前に、ちょっとした話題を披露します。ひとつは、先月、講談社文庫から発行された伴野朗さんの小説「元寇」です。一遍上人の生きておられた時代の最大の事件は、文永十一年秋と弘安四年夏に起こった、この蒙古襲来事件です。伴野さんの小説は、蒙古人の国「元」の世祖フビライの側からと、日本の鎌倉幕府の最高権力者北条時宗の側からの双方の資料をたどりながら、この不幸な二つの戦いがいかにして起こり、どのような結果となったかを追っています。

もちろん小説ですから、フィクションの部分とノンフィクションの綾が交錯しています。そして、私が期待した通り、河野水軍の棟梁河野通有も物語の主人公の一人として登場し、通有の二歳年長の従兄一遍上人も顔をのぞかせます。私にはその最後の三十五行が興味深かったので、その部分をここに紹介してみたいと思います。

作者はここで戦争というものの愚かさ、虚しさを言おうとしているようです。一遍上人が弘安四年の夏、どこでなにをしておられたかというと、聖絵ではどうやら奥州江刺で祖父通信の塚に参った後、鎌倉をめざす途中、つまり関東の常陸、武蔵の辺りを遊行していたように推測されるのです。編者聖戒さんが誤ったことを書いているとは考えられないので、一遍上人が弘安の役の直後に、博多の浜で敵味方の負傷者の介護をしたという話はフィクションです。

しかし、伴野さんはそれを承知のうえで、もし一遍上人が戦場におられたら、多分、このようにされたであろう、と想像して書いたのだと思います。事実、一遍上人が、元寇の戦いで傷ついた人たちを別府温泉で治療されたとの伝承が九州では語り継がれています。魂の救済者であると同時に、生きて現に苦しんでいる人たちをも救おうとされた社会事業者としての一遍上人のイメージが私たちの祖先には存在し、いまに伝わっていることを知ることができます。

さて、話を本筋に戻しましょう。祖父通信の墳墓に参ったことで、一遍上人の鎮魂の旅は終わります。「絵で見る一遍上人伝」の５０ページを見て下さい。

丸い土饅頭のような円墳を取り囲んで右半分に十三人、左側に八人、計二十一人の時衆がひざまづいています。中心の痩せた人物が一遍上人です。その後ろ右側に座っているのは尼さんのようですが、これは妻であった超一房のようにも感じられます。承久の乱で流罪となった河野家の悲運の祖父と伯父の鎮魂が目的であったとすれば、河野家の一員である超一房が一行に加わったとしても、不自然ではありません。前ページの踊り念仏の場面で、念仏房と後世註をつけられた僧と並んで踊っている人を、栗田勇氏は超一房であろうと推定されましたが、信州佐久から引続いて超一房が奥州へ随伴したものと思われます。そうしますと、同じ河野一族である聖戒さんが、どうしてこの旅に加わらなかったのか、かえってそのことが気にかかります。

墳墓の頂上などには薄（ススキ）が生えているところを見ますと、弘安三年の秋、と推定されます。時宗には、いまも薄念仏と呼ばれる行事が伝えられ、本山遊行寺では毎年九月十四日に本堂内でススキを生けた花瓶の周囲を、念仏を称えながら行道する行事が行われています。

弘安五年の春といえば、奥州江刺のころから一年半ばかり後のことになりますが、一遍上人の一行は鎌倉入りをめざします。鎌倉は京と並ぶ大都市で、執権北条時宗を頂点とした幕府の政治の中心地として栄えていました。しかも前年秋には蒙古・高麗・南宋の連合軍十万人を台風によって潰滅させたばかり。鎌倉はわきにわいていたと考えられます。

一遍上人は、いよいよ鎌倉入りという直前に、長後というところで三日間逗留し、弟子たちにこう宣言します。「鎌倉いりの作法にて化益の有無をさだむべし。利益たゆべきならば、是を最後と思ふべき」。「利益たゆべきならば、是を最後と思ふべき」という言葉は厳しいですね。もし、自分の化益が鎌倉の人たちに受け入れられなかったら、ここで死のうというわけですから。

三月一日に小袋坂（巨福呂坂）を通って市中へ入ろうとすると、きょうは大守北条時宗がこの道を通って円覚寺へ参られるので、このコースは具合いが悪いのでは、という人があった。しかし、一遍上人は「思ふやうあり」つまり考えるところがある、といってなおも入って行く。果たせるかな、北条時宗の一行とばったり鉢合わせです。警護の武士が制止しても、なおひるむことなく通ろうとするのです。警護の武士は、小者に命じて付き従う時衆をたたかせ「聖はいづくにあるぞ」と尋ねました。

一遍上人が「こゝにあり」と答えて堂々たる態度で出て行くと、武士は「御前にてかくのごときの狼籍をいたすべき様やある。汝衆徒をひきぐする事、ひとへに名聞のためなり。制止にかゝへられず乱入する事こゝろえがたし」と咎め立てしたわけです。すると一遍上人は「法師にすべて要なし。只人に念仏をすゝむるばかりなり。汝等いつまでかながらへて、かくのごとく仏法を毀謗すべき。罪業にひかれて冥途におもむかん時は、この念仏にこそたすけられたてまつるべきに」と答えられた。武士は返事もせずに黙って二回むちで一遍上人をたたいた。上人は少しもひるむことないばかりか、こうしてむちでたたかれるのも縁を結ぶしるしだと考えられて、しかし、言葉は厳しく「念仏勧進を我いのちとす。しかるをかくのごとくいましめられれば、いづれのところへかゆくべき。こゝにて臨終すべし」といわれた。さすがの武士もこれには参ったのでしょう。「鎌倉の外は御制にあらず」と答えたので、その夜は郊外の山道のほとりで念仏していると、この話を聞きつけた鎌倉中の市民たちが集まって供養したというのです。

一遍上人にとって、この鎌倉入り事件は、生涯の大きなキーポイントになります。それまで、例えば京都へは二回入られて熱心に念仏勧進活動をされたにもかかわらず、はかばかしい成果があげられなかった。多分、上人自身にも「どうして私の念仏勧進が、広く民衆に受け容れられないのか」といった疑問があったのではないでしょうか。祖父や伯父たちへの鎮魂の旅の間にも、そのことが頭から離れなかったのでしょう。さればこそ、鎌倉入りを前にして「鎌倉いりの作法にて化益の有無をさだむべし。利益たゆべきならば、是を最後と思ふべき」と弟子たちに固い決意をもらされたのでしょう。

一遍上人にとっては、命をかけた鎌倉入りだったのですが、結果は最後になって「吉」と出たことになります。思うに、北条時宗といえば日本の最高権力者です。しかも、その四～五ヵ月前には蒙古の十万の大軍を、暴風のおかげとはいいながら、海の藻くずにしたばかりですから、人気絶頂といってよいでしょう。その時宗に向かって「法師にすべて要なし」と言い放って、俗権力を否定してみせたのですから、鎌倉の人たちは驚くと同時に、内心快哉を叫んだかも知れません。

そのうえ三月末に片瀬の浜の地蔵堂におられるとき、しきりに紫雲が立ちこめ、天から花が降る奇瑞が起こったといいます。聖絵には、徳大寺の候人肥前前司貞泰なる人物は、空から降って来た花を、いまも大事に持っていると書いています。しかしながら、このことを一遍上人にきくと「花の事は花にとへ、紫雲の事は紫雲にとへ、一遍しらず」と常に奇跡の類を否定されたというのです。

一遍上人のこの否定にもかかわらず、世人はみな奇跡を待ちわびていて、なにかあると、花が降ったの、紫雲が立ち込めたの、よい匂いがしたのと騒ぎ立てたようです。実弟の聖戒さんでさえ、聖絵のなかで、中国の道詮禅師、道詮禅師の奇瑞の話を引合いに出した後「しかれば、時いたり、機熟するとき、感応を現すこと、なんの疑かあるべき」と奇瑞を肯定しています。

この話は、口から口へ伝えられ、いち早く都でも評判になったらしく、一遍ブームが起こったようです。この後、江州で叡山横川の実力者、真縁上人と会って互いに意気投合するのですが、一遍上人語録に載せられている山門横川の真縁上人へつかわさるる御返事のなかで「兼て又、紫雲天華の事、称名不思議の瑞相なれば、凡夫の測量におよばざる者か。凡情を尽して、此華もよくわくべく候」と、ややトーンダウンして書かれています。

紫雲天華というのは、比叡山など、いわゆる旧仏教の人たちが非常に大事にする奇瑞です。相手が山門横川の坊さんですから、「凡夫の測量におよばざる者か」と少しオブラートで包まれたものと思われます。

いずれにせよ、弘安五年の鎌倉入りは、一遍上人を一躍有名にしました。東海道を京に向かう一行に対し、美濃や尾張では悪党と呼ばれる人たちが所々に立札をして「聖人供養の志には、彼の道場へ往詣の人々にわずらひをなすべからず。もし同心せざらむものにおきては、いましめを加ふべし」と宣言しています。

悪党というのは、幕府体制を支えるご家人に対し、体制に組み込まれていない武士、たとえば、新興武士団などを指し、なかにはアウトロウ的な武士もいたと思われます。いわば、反体制、非体制、反権力の人たちです。従って、旅をする人たちは、しばしばこれら悪党に襲われたり、被害に遇ったりして難渋するのですが、それらの悪党が一遍上人および時衆の僧尼を庇護したのです。

その背景には、一遍上人が徹底して一般民衆の味方であり、執権とさえ対等にやり合ったばかりか、むしろ俗権を否定してみせた気迫と行動力に尊敬の念を抱いたのだと、私は理解しています。

後年、都に入った一遍上人は、鎌倉入りについて次のように述べています。「聖人の風を用ゐること、俗をかうることなし。しかれば、関東にして化導の有無をさだめき。かねて思ひしに少しもたがはず。いままた数輩の徒衆をひき具して洛中に逗留のこと、もとも斟酌あるべし」云々。「聖人の風を用ゐること、俗をかうることなし」とは、鎌倉で武士の制止を振り切り、強引に市中へ入ろうとしたあのことを指しているのでしょうか。名号の功徳を一人でも多くの人に知ってもらうためには、聖人、君子の風をかなぐり捨てて民衆の心のなかに飛び込まねばならない。おそらく、踊り念仏のことも念頭にあった、と思われます。

とにかく鎌倉入りは、一遍上人にとって、大きな転機となった、といえましょう。

踊り念仏に湧く京の都

ＮＨＫの大河ドラマ「秀吉」は、たいへん高い視聴率のようです。先日来、この講座で触れようと思いながら時間がなくて触れられなかったのですが、どうやら終わりに近付いてきたようなので、きょうは一言お話をしておきたいと思います。というのは、秀吉の義理の父として登場する「竹阿弥」のことです。ドラマの画面では財津一郎が演じている秀吉の母なかの二人目の夫、弟秀長の実の父です。皆さんもおそらく、竹阿弥という人物について、いったい何を職業としているのか、不思議に思われたのではないでしょうか。

秀吉の実家は尾張国の中村在の農民です。劇中でもなかは繰り返し「私は百姓女だから」といっている通りです。ところが竹阿弥は、一向に農民らしくないばかりか、非常に分別臭い発言をします。竹阿弥と阿弥号を名乗っているところから、彼は俗時衆であろうと考えられます。

室町時代から近世初頭、江戸時代初期ごろにかけての現存する古文書類にこの阿弥号を名乗る人たちがしきりに登場します。能楽の観阿弥、世阿弥、音阿弥といった芸能者や足利将軍に仕えた同朋衆については、先の講座で話しましたが、これらの人たちは、能楽などの芸能や絵画、あるいは書画の鑑定、立花（生け花）、連歌、などなど、一芸に秀いでて文化の最先端をゆく存在でした。しかし、俗時衆と呼ばれた人の数は、かなり多数にのぼっていたはずです。しかも、その分布はほとんど全国にわたっていたと考えられます。

それでは、これらの俗時衆は、どのような生活をしていたのでしょうか。実は正直なところ、実体はつかめていません。ただ、群馬県板鼻（安中市）の聞名寺に伝わる古文書と埼玉県の阿弥を名乗る家に伝わってきた同じ内容の文書がありますので、コピーしてみました。両者は同じ内容といいましたが、聞名寺のものより埼玉県の古文書の方が、より完全と考えられますのでその方をコピーしました。阿弥を名乗る人たちについての資料は極めて少なく、非常に貴重なものですが、書かれている内容については言い伝え語り継がれてきたことが主ですから、必ずしも一〇〇％正しいとはいえませんし、当時、幕府に提出したものですから、ことさらに徳川家との関係を強調している点もめだちます。そのことを頭に入れたうえで読んでみましょう。

これによりますと、まず一遍上人の在世中に、戦いに敗れた武士たちが弟子入りして、上人の遊行に付き随って食事の世話などをして沙弥と呼ばれたこと、また上人が亡くなった後は、あちこちへ移り住んでカネを叩いて念仏や和讃を称え在々所々を巡って布施を受けて生活していたこと、その後は代々の遊行上人が近くへ回国して来られると必ずかけつけて食事の世話など奉仕を続けていること、それから子孫がふえ同業が多くなったため、生活が難しくなり、百姓を兼ねたり、医者になったり、職業を営んで編綴という羽織を着用していること、などが書かれています。

まず、戦いに敗れた武士たちが、一遍上人に付き随って遊行回国したというくだりですが、一遍聖絵や絵詞伝を読む限りでは、まったくその形跡はありません。一遍上人に従う時衆は常に二十人ぐらいで、しかも半数近くは尼さんです。ただし、時衆の後ろに付いて回っていた非人、乞食の群れには敗戦者がまじっていた可能性はありますね。その人たちを沙弥と呼び、阿弥号を授けた、とはちょっと考えにくいのです。従って、沙弥と呼ばれる敗戦の武士が付き随ったとすれば、二祖真教上人以降のことと考えられます。従ってカネを叩いて念仏や和讃を称え信施をもらって生活していたというのも、時代はもっとくだると考えてよさそうです。ただ、その後の百姓をしながらとか、医師など産業仕候のくだりは大いに注目してよいと思われます。

時衆は陣僧といって、戦さに出かける檀那に従って戦闘の場に臨む僧が多かったことは、これも先日お話した通りです。当然、負傷者の介護や治療にも従事したでしょうし、病気治療もちょっとした知識を持っていたと想像されます。それに、昔は治療といっても医学的処置ばかりでなく、呪術的治療の要素も大きかったのです。よくヤブ医者といいますが、あれは野巫医者、つまり、ご祈祷で病気を治す医者のことだといわれています。時衆はご祈祷はしません。しかし、精神的治療のようなことはやったかもしれません。それから、時衆になるためには字の読み書きができなければなりません。当時の農村で字の読み書きができるということは、それだけで存在価値があったのではないでしょうか。子供を集めて字を教えたり、足し算引き算を教えたり、後世の寺小屋の師匠のような役割を果たしていたと推測できるのです。

室町時代になりますと、連歌が盛んになります。連歌師も時衆僧に多いのですが、そういえば、医師も連歌師も遍綴という羽織を着ています。こう話していきますと、竹阿弥という人物像も、少しずつ見えてきます。要するに、彼は農村に住む文化人だったのではないでしょうか。字も書ければ連歌も作れる。あるいは、子供たちを集めて寺小屋を開いていたかもしれません。農村文化を陰で支えた黒子的存在だったかもしれません。

先ほどの古文書にもありました通り、秀吉だけでなく、徳川家もまた時衆と深い縁があります。家康から数えて九代の先祖が順阿弥親氏で、そこに出てくる遊行十六代上人は南要上人で、永享元年（一四二九）から永享十一年まで遊行を受け継ぎました。足利義教のころです。

話を一遍上人に戻し、本筋にかえります。先日は鎌倉入りについて話しましたが、この鎌倉で起きた一遍と執権北条時宗の出会いの一件は、いち早く都へも伝わっていたようです。一遍上人が京都へ入ったのは弘安七年閏四月十六日のことです。鎌倉入りが弘安五年三月一日ですから、この間二年と少しが経っています。京都へはこれまでに少なくとも二回訪れていますが、いずれも反響はなく、一遍の行動に関心を示す人などなかったのですが、今回は一遍上人の一行を迎えて都は大騒ぎになります。その辺りのことを聖絵は「関寺より四条京極の釈迦堂にいり給ふ。貴賎上下群をなして人はかへり見る事あたはず、車はめぐらすことをえざりき」と書いています。

「絵で見る一遍上人伝」の60、61ページを見てください。このページはどうしたことか、写りが悪くて少しかすんだように見えますが、釈迦堂の混雑の有様はよく分かります。一遍上人は余りの群集に、若い坊さんに肩車をしてもらってお札を配っています。この四条釈迦堂は、後に時衆四条道場となり七条道場と京都の布教の中心地になります。さして広くもない境内に御所車と老若男女がぎっしり詰めかけています。一目みて女性の姿が多いのが分かりますね。御所車の主は、おそらく高貴な女性でしょう。女だてらに屋根の上へあがっている姿もあります。これを見ても、一遍上人の入洛を最も待ち望んでいたのは女性であったことが分かります。

本堂前には踊り念仏のための踊り屋が組まれています。なかには時衆の僧尼らしい姿が見えますが、どうやら踊り念仏は終わっているようです。お札配りは、いまも踊り念仏の後で行われます。その興奮の余音のようなものが伝わってきます。狭い境内のなかに五台もの御所車が見えます。下段中央の車は帰るところか、と思っていましたが、よく見ますと車をバックで門のなかへ押し込もうとしているようですし、右の端には、まだ駆けつける車もあって、車のなかで「早く早く」とせかしている女性の顔が見えるようです。向かって左側には店屋らしいのが見えます。店先にブラジャーみたいなものがぶら下がっています。もちろんブラジャーではなくて、草履かわらじではないでしょうか。とにかく絵を見ているだけで結構楽しいです。

それから次の62、63ページは、市屋道場の場面ですが、こちらは、いましも踊り念仏の真最中です。一遍上人を中心に僧尼が時計回りに衣の裾をひるがえして踊っています。踊り屋の屋根の板の数をかぞえてみましたら、釈迦堂の屋根は十七〜十八枚、対して市屋は三十〜三十一枚で、倍ほど大きいですね。ですから、屋根板を押さえる板が釈迦堂では細いのに対し、市屋は太いものとなっています。どうやら屋根の作りについては、一回ずつ変わっているようです。それに市屋では踊りがよく見えるように桟敷が作られ、人々はそれに上がって見ています。右手に一列に建っているのは、最初は店屋かと思っていたのですが、どうもこれも桟敷らしく見えます。はっきりしませんけれど。

さて、京都に入った一遍上人は、どのような行動をとったのでしょうか。四条釈迦堂で七日間過ごした後、因幡薬師に移ります。ここは前回弘安二年にも逗留したところですが、最初は内へ入れてもらえず、縁の下で一夜を送ろうとしたところです。聖絵には、三条悲田院、蓮光院にも一時おられた、これは彼の寺の長老の召請によるものであった、とあります。悲田院はすぐ近くの河原町御地の南西角に案内板が立っています。それから雲居寺、六波羅密寺と回り、空也上人ゆかりの市屋に道場を設けて数日間おられた。「よりて経廻の道場、行法の日数、みなゆへなきにあらず、京中の結縁首尾自然に四十八日にて侍りしが」とあって、上人が洛中におられたのは四十八日間だったと書いています。四月十六日に京都入りして四十八日といいますと、いまの太陽暦では六月に入ってしまうのですが、五月二十二日に市屋から桂へ移られた、となっています。そして、ここで病気になられ、秋ごろまで桂で過ごすことになります。

京の都といえば、祇園社や清水寺、東寺、御室仁和寺、比叡山延暦寺など、有名社寺がたくさんありますのに、そういった社寺の名が全然出てきません。一遍という人には、本来的に権力とか権威とはある距離を置くという姿勢が感じられますね。遊行の途中でお参りする社寺にしても、その地方の人たちの信仰を集めているといったものが多いのです。例えば、伊勢神宮とか熱田神宮といったお宮に参詣したという記録はないのです。すぐ近くを通っているのに、です。

もうひとつここで強調しておきたいのは、普通、高僧と呼ばれる人たちは、功なり名を遂げると、晩年には庇護者を得て寺を建て、行ない澄まして死を迎える、というパターンが多いのです。まして病気になって数ヵ月床についたわけですから、少なくとも体力を消耗する遊行を中止して寺に定住するというのが一般的な考えのはずですが、上人は桂での病気が回復しますと、再び山陰道を西下する念仏勧進の旅に出ます。一人でも多くの人に念仏を勧めたいという、烈々とした使命感に支えられ、なおも遊行を続けます。一遍上人という人は本物だったのだなあ、本物の宗教者だったのだなあ、としみじみ思います。

前回申し上げました通り、弘安七年の春から秋にかけ桂で病気療養をします。このとき上人四十六歳。初めての病気とみられます。文永十一年に遊行の旅に出てちょうど十年。その間の労苦が体を蝕んでいたのでしょうか。聖絵の記述に、以後、ときどき病気の話が出てくるようになります。でも、一遍上人は遊行をやめようとしないのです。

次にめざしたのは、桂からいまの国道9号線である山陰道です。いままで山陰道はしばしば通っていますが、日本海側は初めてのことになります。しかも冬は目前です。果たせるかな、因幡から伯耆国に入り、いまの伯備線沿いを南下して裏大山へ入り込んだ辺りの逢坂というところで雪に降り込められています。

「一遍上人語録」を読む

すべてを捨ててこそ

いわゆる鎌倉新仏教の最後に現われ、生涯を念仏の伝道の旅に捧げた「遊行の聖」一遍智真は、中世、瀬戸内水軍の覇者として君臨した河野一族の出身です。私は、一遍が鎌倉武士の出自であったことが、彼の思想・行動に大きな影響を及ぼしていると考えています。詳しいことについてはこれからのお話のなかで説明しますが、一遍上人は文永十一年（一二七四）春、数え年三十六歳のときに故郷の伊予国道後を出発し、ひたすら「南無阿弥陀仏六十万人決定往生」の念仏札を配りながら、五十一歳の正応二年（一二八九）に兵庫の観音堂、いまの神戸市兵庫区の真光寺で亡くなるまでの十六年間を遊行の旅に明け暮れます。

当時の人たちは、そんな一遍上人を「尊い聖」あるいは「尊い捨聖」と呼んで敬ったのです。「捨聖」というのは、彼が常々「捨てよ捨てよ、すべてのものを捨てて申す念仏こそ、阿弥陀如来の本願に最もかなっているのだ」といい、事実、自らは河野の家を捨て、家族を捨て、持っているのは破れた衣と袈裟、珠数のほかにはご飯を盛る鉢と箸筒、紙衣、足駄（下駄）手拭、頭巾など、全部合わせても十二にすぎず、ついに寺を建てることもなかったのです。

一遍上人の足跡は、きょうお配りした資料のなかの一遍遊行地図（見返し参照）に黒丸で示されています。さすがに畿内が最も多いのですが、北は岩手県の江刺（現北上市）南は鹿児島県の大隅半島にまで及んでいます。

十三世紀、いまから七百年前の日本で、旅というと想像を絶する苦労がありました。一番の苦労は食糧です。すべてを民衆からの供養に頼っていましたので、食べる物もなくて、空腹のまま野宿を重ねることもしょっ中でした。山で野宿するときには狼におびやかされたことも多いでしょう。私は長野県の佐久で生まれましたが、近くに狼についての言い伝えが沢山あったのを覚えています。なにしろ明治のころまで狼がいて、実際に被害があったのですから。狼の恐ろしさは、いまの私たちには分かりませんが、昔の旅人たちにとっては、大変な脅威だったでしょう。そんな一遍上人を支えたのは、烈々たる念仏弘通の使命感でした。

さて、一遍上人は亡くなる直前に、自らの手で書いたものを焼いてしまわれました。「一代の聖教皆尽て、南無阿弥陀仏になりはてぬ」と、いかにも捨聖にふさわしい言葉を残してです。ただ、このために、上人の書いた著述の類いが、まったく後世に残らず、その後の上人研究者を大いに嘆かせる結果となりました。しかし、上人の生涯を記したものがまったくないかというと、そうではなくて、有名な国宝の絵巻物「一遍聖絵」全十二巻と重要文化財「遊行上人縁起絵」全十巻。また、一遍上人が播州弘嶺八幡宮で弟子や信徒を前に話された法話を弟子の持阿弥陀仏が記録した「播州法語集」を元に、聖絵や縁起絵に書かれている一遍上人の法語や和讃、和歌、信者に与えられた手紙などをまとめて江戸時代に編集、出版された「一遍上人語録」上下二巻があります。

聖絵は一遍上人の腹違いの弟といわれる弟子の聖戒が、一遍没後十年目に作ったもので、それだけに、伝記としては最も信頼度が高いとされています。一方、縁起絵は通常「絵詞伝」と呼ばれ、先の聖絵から八年ばかり遅れて出来た絵巻物ですが、全十巻のうち前半の四巻は一遍上人の、後半の残り六巻は、一遍上人の高弟で、一遍没後に時衆教団の指導者となった他阿弥陀仏真教の行状を描いています。従って、力点はどちらかというと他阿弥陀仏に置かれているのが特徴です。

考えてみますと、一遍上人は自分の書いたものや所持していた経論の類いをすべて焼いてしまったのですが、却ってそれが弟子たちの危機感をあおり、むしろ、鎌倉新仏教の法然、親鸞、日蓮といった他の祖師方をしのぐ豪華な伝記絵巻物を現代に伝える結果となりました。

この講座は、岩波文庫本の「一遍上人語録」をテキストに、上人の思想に分け入ってみたいと思います。ただし逐条的に取り上げたのでは、それこそ一年や二年では終わりませんので、ポイントと考えられる法語や消息、和歌、和讃を選んで、みなさんと一緒に考え、少しでも一遍上人に迫ってみたいと、大それた望みを膨らませています。

私は時宗の貧しい寺の住職をしておりますが、仏教学者でも宗教学者でもなく、一介の元新聞記者です。ある意味では、皆さんと同じスタートラインに立っています。どうぞ、同行としてご鞭撻をお願いいたします。

なお、今月から講座名が「一遍上人語録を読む」と変わり、新しく四人の方が加わられました。以前から受講してくださっている方々には重複する話も多いのですが、その部分は〝復習〟と心得ていただいて、お許しを願います。

初日ですから、一遍上人の生涯の概略を頭に入れていただくために、昭和五十四年に制作された「捨聖一遍上人伝」のVTRを見ていただきます。一時間五十分の長編なので、大幅に講座時間を超えてしまいます。行けるところまで行って、後半は次回五月二十四日に見ていただくということにしましょう。具体的に語録のお話は、それからとなりますが、ご了承ください。

（「捨聖一遍上人伝」ビデオの観賞）

テキスト一遍上人語録の３３ページを開いてください。ページの最後に「興願僧都、念仏の安心を尋申されけるに、書てしめしたまふ御返事」とあって次の34ページから36ページの冒頭三行まで、消息法語が掲載されています。この消息はいままでも度々読んできましたが、一遍上人の思想を最も端的に示しているのが、これです。とにかく、一度読んでみましょう。

「念仏の安心」というのは「念仏の信仰」ということです。興願僧都という人が、どんな経歴で、当時どんな地位にいたのか、よく分かりませんが、僧都と呼ばれているところをみますと、旧仏教側の人であったようです。この消息語録は、語録のなかの消息法語の四番目に出て来ます。読んだ通り、すべてを捨てて申す念仏こそが、阿弥陀如来のお心に最も叶う念仏なのだ、と説かれています。ついには信仰の基本とも考えられてきた極楽を願う心、地獄を怖れる心さえも捨ててしまえ、というのです。当時の人にとっては、衝撃的、革命的といってよいほど大胆な表現だったと思います。

聖絵の第四巻の有名な備前福岡の市の場面で、無悪不造といわれた吉備津神社の神主の息子に対してその妻が「たう《ママ》ときすてひじりのおはしつるが、念仏往生の様、出離生死の趣とかれつるを聴聞するに、誠にたふとくおぼえて、夢まぼろしの世の中に、あだなる露のすがたをかざりても、いつまでかあるべきなれば出家をしたるよしをかたる」とあって、後にも先にも、ここ一ヵ所に「尊き捨聖」という言葉が出て来ます。つまり一遍のような聖は「尊き捨聖」と呼ばれて、民衆から尊敬されていたのです。そしてその捨聖というのは一遍ひとりを指すのではなくて、すでに空也上人が「念仏はどのように称えればよいのですか」との問いに対して、ただ一言「捨ててこそ」つまり、ただ「捨てるのみ」と答えて、後は何も言わなかったというのです。

西行の撰集抄に載せられている話と一遍上人はいいますが、現在に伝わる撰集抄には、この話はないそうです。あるいは一遍上人の思い違いだったかも知れません。要は空也上人が「捨ててこそ」といわれたのが重要なのです。従って空也上人を慕う人たちのグループを捨聖と呼んだものでしょう。一遍上人もそのひとりだったのです。

ただ一遍上人は、その捨てよ、からもう一歩踏み込んで「かように打ち上げ打ち上げ称うれば仏もなく、われもなく、善悪の境界、つまりこの世のすべては皆浄土なのだ、仏の世界なのだ。よろず生きとし生けるもの、山河草木ばかりか風や浪の音まで念仏ならずということなし」と絶唱しておられます。これが一遍上人の到達した宗教的世界でありました。

ここで、評論家の加藤周一氏が二十年前に筑摩書房から出版した「日本文学史序説」のなかで、一遍上人に触れた個所があるのでご紹介しておきましょう。ただし、二十年前というと、一遍上人の名前は現代ほどよくは知られておらず、実際には一遍上人は法然の高弟・西山派の性空上人のそのまた高弟・聖達を師として学んだのに、法然の高弟に学んだ、とするなど、事実誤認の個所や字の誤りがいくつかあります。いってみれば、それほど一遍の事跡が二十年前にはよく知られていなかったということでもあります。ただ、彼が指摘したポイントについては、私も大いに共感します。同時にこの消息を読んでみて、一遍上人が非常に秀れた詩人であったことに気付かされます。国宝聖絵の記述者だった異母弟の聖戒さんもまた名文家でした。河野家はこのころ文才にも恵まれていたようです。

最後に、一遍上人が祖父河野通信の霊を慰めるために奥州江刺まではるばる訪ねて行かれるわけですが、そのときに作られた歌を紹介しましょう。

「身をすつるすつる心をすてつればおもひなき世にすみ梁の袖」

語録49ページです。この身を捨てる心さえも捨ててしまえば、もはやこの世にはなにも執着はなく、澄み切った気持ちで送ることができるという意味で、源平合戦に大活躍し河野家を伊予一国の守護同然のところまで栄えさせながら、承久の乱に敗れて自らは奥州に流され、一族を悲運のどん底に突き落とした悲劇の英雄、祖父河野通信に語りかけているのです。それは多分、私は身を捨てる心さえ捨ててしまい、いま心は平穏です。どうぞ安心してお眠りください、という呼びかけだったと思います。先ほどの興願僧都への法語がいつごろ書かれたか、特定できませんが、語録の編集の順序などから察しますと、奥州の旅から帰り、鎌倉入りされた後のころに興願僧都に例の法語が書かれたような気がしてなりません。確たる証拠があるわけではありませんが。

貴賤高下の道理をも捨て

一遍上人が、文永十一年夏に熊野本宮へ参詣の途中、一人の僧と出会い、賦算を拒否されてハタと困惑したという出来事は、そのつぎにくる、いわゆる熊野成道の伏線とでもいうべき重要な事件であります。一遍聖絵の詞書には、その場所が熊野山中のどこであったのか、具体的に書かれておりません。皆さんよくご存知でしょうが、念のために聖絵第三のそのくだりを読んでみます。

ここで気付くのは、この出来事を述べた文章の最後に「僧はゆくかたをしらず」と、わざわざ付け加えている点です。普通、ゆくかたを知らず、などとわざわざ書くことをしません。それを書いているということは、編者の聖戒上人は、暗にこの僧が世の常の人ではなく、この場合は熊野権現の化身であろう、もしくはお使いの者と言外にほのめかしているものと考えられます。現に絵巻の画面では、僧のところに「権現」と書き入れがあります。この書き入れは、ずっと後世のものとされていますが、恐らく聖絵は成立当初から布教の重要な材料として使われたでしょうから、聖戒上人にその意図があった、と解釈できると思います。それでは、同じ場面を縁起絵はどう描いているでしょうか。

縁起絵は、聖絵完成の数年後に編集されたもので、とくに一遍上人在世中の出来事は聖絵を下敷きにして書かれた、と考えられるので、記述は当然のことながら聖絵と同じです。ただ、この場合は一人の僧を「律僧」と表現して、妄語戒を犯すわけにいかない、と拒否の理由を強調しているのがめだちます。

ここで考えなければならないのは、僧との出会いのハプニングに立会ったのは、一遍上人のほかに超一、超二、念仏房の三人のみであったということで、聖戒上人でさえ実際には立会ってはいないのです。話は前述の三人や一遍上人から聞かされたでしょう。場所についても、どの辺りであったか聞いていたと思います。

さて、聖絵の問題の場面に話を移します。聖絵については、聖戒上人が、一遍上人の歩かれた跡をめぐって、法眼円伊を中心とする絵師グループ四、五人にスケッチさせたらしいといわれています。全部を回ったわけではなく、貴族たちが持っていた有名な社寺の絵や名勝も参考にされた可能性があります。

いずれにせよ、聖絵の絵は、忠実に現場をスケッチしたもの、というのが、これからお話する態野古道蛇越谷説の大前提になります。

私が、当時神戸大学で中世史を担当しておられた戸田芳実先生と出会ったのは、昭和六十年春です。「戸田先生は、朝日カルチャーセンター中之島教室で「歴史と古道」という講座を持っておられました。京都教室の講座部長から大阪中之島の教養講座を受け持つ講座第一部長に転勤したわけですが、古道、とくに熊野古道研究者でもあった戸田先生に早速、日ごろの疑問をぶつけてみました。

聖絵の一人の僧との出会い場面は、画面の奥に木で作った桟橋のような山道が描かれていますけれど、桟橋はともかくとして、あのようなけわしいところが、いまもなお残っている場所はないでしょうか、とです。そのとき戸田先生は即座に「中辺路町内の悪四郎山の頂上付近に、一ヵ所だけそれらしいところがある」といわれました。当時、私は悪四郎山といわれても、かいもく見当がつかず、「そのうちに一度、現地講座で連れて行ってください」とお願いして、機会をねらっていました。

ところが、先生は大学の仕事が忙しくなり、中之島の「古道講座」を閉講しなければならない羽目となりました。二年ばかりして、私は京都教室へ帰り、戸田先生も大学のお仕事にケリがついたので「古道講座」を京都で再開することとし、第一回の現地講座を熊野古道にすることで、先生とも合意していましたのに、突然がんで倒れ、六十三年八月に亡くなりました。先生がもう少し長生きしてくれたら、といまも残念でなりませんが、これはいまとなっては詮のないことです。亡くなる二ヵ月ばかり前に、右京区の桂病院へ見舞いに行きましたが…。

前回の講義で申し上げました通り、語録33ページから始まる興願僧都へのご返事は、数ある消息文、法語のなかでも、最も一遍上人の思想の神髄を表わしたものと考えられます。これは、私ひとりの主張ではなく、一遍上人に関する著書を読んでみて、まずすべての人がこの消息を第一にあげています。

昨年来、受講中の方には、一部ダブルことになりますが、その後の私の勉強の成果を中心に、一歩踏み込んで考えてみたいと思います。

実はこの手紙は、国宝聖絵には出てきません。誰が読んでみても、この手紙は一遍思想を最もよく表わしているうえに、名文です。どうして聖戒上人は、この消息を書かなかったのでしょうか。いまとなっては謎というほかありません。ただ、語録の58ページに「興願僧都に示し給ふ御返事のおくに」として「須弥の峰たかしひきしの雲きえて月のひかりや空のつちくれ」という歌が収録されています。歌の意味は、宗内の伝統的解釈に従えば、私たちの住んでいる世界の中心である須弥山の峰にかかっている高い雲低い雲が消えて、真如の月の光が地上を皎々と照らしている。しかし、その月も実体は空の土の塊である。雲はこの場合、人間の煩悩を指しています。そして苦しみが消えるという意味も込められているでしょう。人間の煩悩や苦しみが消えて、悟りの月の光がさしてくるけれど、その月の実体は土の塊である。悟りというけれども、格別のことはなく、自然そのままが悟りである、というものですが、私にはどうもこの解釈はピタリときません。

昨年来、ずっとこの解釈で悩んできました。ただ、実はこの歌は、聖絵巻六に「又或人法門たづね申しける返事」として、歌だけが載せられています。ここで、またもや聖戒上人が、なぜあの消息をネグってしまったのかという謎が出てくるわけですが、この歌は当然、前に書かれた消息の内容と関わってくるはずです。こうして考えてみますと、私には「たかしひきしの雲」という言葉が気になってくるわけです。消息のなかで「高し低し」といえば、一ヵ所「貴賤高下の道理をも捨て」というあの部分です。

そこで、念のために一遍上人語録のなかに、ほかに貴賤高下という言葉が出てくるところがあるかどうか調べてみました。しかし、意外にもこの言葉が出てくるのは、たった一ヵ所「百利口語」のなかに、語録でいえば14ページ二行目に「生老病死のくるしみは人をきらはぬ事なれば貴賤高下の隔なく　貧富共にのがれなし」だけでした。ただ、言葉は同じでも使われている意味は違っています。貴賤高下の道理をも捨てよ、というのは、後にも先にも興願僧都への消息だけと考えてよいと思います。

中世における身分制度というのは、現代に生きる私たちからみれば、その厳しさにおいては、想像を絶するものがあったと思われます。従って十三世紀の日本で「貴賤高下の道理を捨てなさい」というのは、非常に勇気のいることだった筈です。一遍上人はこの消息を通じて、六字の名号の前には一切の衆生すべてが平等であることを高らかに宣言されたわけです。

平等といえば、一遍上人が弟子たちに与えた時衆制誡のなかの五番目（語録22ページ）に「専ら平等心を起して、差別の思ひを作すことなかれ」とあります。上人をしたって集まってくる人たちには、比較的武士層が多かったようですが、一口に武士層といっても、俗世の階級はまちまちで、上人が再出家したとき以来、上人に付き従って行動をともにした念仏房のように、下働きをしていた人も含まれます。もちろん、記録には出てきませんけれど、庶民層出身も多かったでしょう。時衆制誡の五番目に平等を強調しておられるところをみますと、弟子たちのなかで、ともすると、人を差別するようなできごとがあったのではないでしょうか。

〔三界〕欲界、色界、無色界。

欲界は欲望の世界で、このなかに六道（地獄、飢餓、畜生、修羅、人間、天上）がある。

色界は欲を離れた人たちの住む世界。

無色界は物質を超えた精神的な世界。

無色界の最も高い天が有頂天、欲界の最下層が無間地獄。

〔四生〕胎生、卵生、湿生、化生。

湿生＝ボウフラや虫。じめじめしたところから生まれるもの。

化生＝過去の自らの業によって生まれたもの。地獄の衆生や天人のように依りどころなくして突然生まれるもの。


話を本題に戻しましょう。興願僧都へのご返事は一体いつごろ書かれたのでしょうか。聖絵に「須弥の峰」の歌が出てくるのは、上人が鎌倉へ入ろうとして小袋坂で執権北条時宗一行に出会い、警固の武士たちによって退去させられた事件の後、鎌倉郊外の片瀬の浜の屋形の御堂や地蔵堂に入られ、鎌倉中の人たちが雲集した、と伝えられるわけですが、そんな騒ぎのなかで、託磨の僧正と呼ばれる旧仏教側高僧とみられる人から一遍上人のところへ、上人を讃える書状が届き、二人の間で手紙のやりとりがあった、という話の後に、突如として出てきます。

聖絵全体の流れからいいますと、断定はできませんけれど、興願僧都もまた、託磨僧正と前後した時期に念仏の安心について一遍上人に尋ねた可能性は高いと私は考えています。そうであるならば、時期的には鎌倉の小袋坂で起こった、執権北条時宗との遭遇事件からさほど時間は経っておらず、「貴賤高下の道理をも捨て」という消息の一文は、小袋坂事件が色濃く投影されていると考えられないでしょうか。

鎌倉幕府の執権といえば事実上の最高権力者です。聖絵第五巻の弘安五年の春の一節にあります通り、一遍上人は事前に北条時宗一行のことは知っていたのです。にもかかわらず「思ふやうあり」といって鎌倉へ入り、警固の武士の制止をも振り切って強行突破しようとされるのです。上人にしてみれば、ある程度、予測したうえでこのトラブルに巻き込まれた気配があります。見方を変えますと、俗権力の象徴である時宗と対決することによって、貴賤高下の道理を超越したところの念仏勧進の絶対性を確認したかった、あるいは時宗や取巻きの武士たちを含めた世の人々に示したかったのではないでしょうか。「貴賤高下の道理を捨てよ」という言葉が、ここにしか出ていないのも、こうした背景があるからだ、と私は考えています。ただし、従来、この考え方を示した研究者はありませんが。随分、遠回りをしましたが、私の言いたかったのは、そういうことです。

もうひとつ、この消息文のなかで注目すべきは「かやうに打あげ打あげとなふれば、仏もなく我もなく、まして此内に兎角の道理もなし」という所です。一遍上人は、念仏とは声を出して名号を称えることだ、と主張しています。たとえば語録のトップに掲載されている上人御作の別願和讃のなかで「別願超世の名号は　他力不思議の力にて　口にまかせてとなふれば　声に生死の罪きえぬ」（語録１０ページ）とあります。ナムアミダブツと称える声そのものに滅罪の力があるのだと主張しています。この声に生死の罪が消えるという思想は、日本人が古来から持ってきた「言霊」の思想と相通ずるものがあり、上人はお札配り、ご賦算のときには、必ず受け取り手が、念仏を称えたのを確かめてから手渡ししていたと思われます。

語録をひもといていますと、「念仏を申す」という表現がしきりに出てきます。明らかに名号を口で称えるという意味で、語録９１ページの第三三には「又云、『念声是一』といふ事。念は声の義なり。意念と口称とを混じて一といふにはあらず。本より念と声と一体なり。念声一体といふは、すなはち名号なり」。「打あげ打あげとなふれば」という通り、時衆の念仏は高声念仏です。

時衆の勤行のなかに、念仏一会というくだりがあり、伏せ鐅を叩いて念仏をとなえます。心を励まして大声で念仏を称えていると、だんだん頭が空っぽになってきます。この状態が深まりますと「仏もなく我もなく、ましてこの内に兎角の道理もなし」という境地に到達し、「念仏が念仏を申す」空の念仏にまで達することになるのだと、私は理解しております。ですから、歌のなかの「空の土くれ」の空は色即是空の「空」ではないか、という田辺さんのご指摘はその通りで、とくに手紙の相手が僧都を名乗る旧仏教組織に属する人のようですから、大般若経や般若心経が説くところの空の思想を持ち出して理解させようとされたのではないでしょうか。

〔三身〕仏の三つの体。

①法身＝形を超えた真如の悟りそのもの。大日如来、毘盧遮那仏、光明遍照。

②報身＝善薩が願と行とに報われて得る仏身。阿弥陀如来、薬師如来。

③応身＝衆生を導くために、相手に応じて現われる仏の身体。釈迦牟尼仏。

自力他力は初門の事なり

先般の講座で私は、いま最大の関心事となっているオウム真理教について、オウムは仏教教団を名乗っていますけれども、仏教の思想とは似て非なるもの、つまりえせ仏教であると申しました。その後、彼らの犯罪が警察の捜査でさらに明らかにされるのに伴い、ますますその感を深くしています。

日本の仏教ではよく自力他力といいます。

この言葉は、主に専修念仏を標榜する浄土教、つまり他力仏教の側からいわれています。自力というのは、衆生が自らの力で修行を積み、悟りをひらいて仏菩薩になろうとすることを指し、最も典型的なのが、中国の達磨大師を祖と仰ぐ禅宗です。禅宗のほかに、日本へ最初に入ってきた南都六宗—華厳、法相、三論、成実、律、倶舎や旧仏教と呼ばれる天台、真言、それから日蓮宗も含めて自力宗といいます。

他力宗というのは、深い人間観察からスタートして、われわれ罪悪深重の凡夫は、どう頑張っても菩薩や如来にはなれない。だから法蔵菩薩が立てられた本願に帰入して、念仏をとなえ、ひたすら法蔵菩薩が仏になられたところの阿弥陀如来におすがりして救っていただこうというのです。とくに親鸞聖人は、絶対他力を主張して念仏以外の行をすべて否定されたわけです。その純粋性が、明治以降のインテリの心を促え、親鸞聖人語録ともいうべき歎異抄がいまなおもてはやされていることは、皆さんもよくご存知でしょう。ただ、自力という言葉に対し他力という言葉は、古来しばしば誤って使われてきました。つまり、自分は何にもせず、あなたまかせ、他人の力によって目的を達するという具合いに解釈されて、国会論議などに登場し、本願寺が抗議したというようなことが、たびたび繰り返されています。

私も四十年に及ぶ新聞記者生活のなかで、しばしば誤った使い方にぶつかった経験がありました。若い記者だったら、無理にでも納得させてしまえますが、先輩記者の場合は、いくら説明しても理解してもらえず、困ったことがあります。先日も新聞紙面のなかで、誤解して使っている有名人の談話が掲載されていて「相も変わらずやっとるなあ」と苦笑しました。それほど他力という言葉は誤解されやすいのです。要するに他力という言葉の背景には、深い深い人間観察が横たわっているのです。

私どものような煩悩の塊りは、どうのたうち回っても本来、自らの力で諸々の苦しみを乗り越え、釈尊のようなニルバーナ、涅槃寂静の境地に達することはできません。そんな凡夫をお救いくださるのが、たったひとつ念仏である、一遍上人の言葉を借りれば、名号そのものである、ということになります。その深い人間観察、いい変えれば人間探究、自省を飛ばして、ただ言葉だけを自分の都合によいように考えるから誤解が生じます。

親鸞聖人が歎異抄のなかで「私のような者は必定地獄に落ちるほかない。だから、たといわが師法然上人に騙されていたのであっても、悔いはない。地獄に落ちて元々なんだから」という、あの血を吐くような言葉を忘れてはなりません。

ところで、一遍上人は自力、他力をどのように考えているのでしょうか。

語録83ページの巻下第一八に「又云、世の人おもへらく、『自力・他力を分別して、わが体を有せて、われ他力にすがりて往生すべし』と云々。此義しからず。自力他力は初門の事なり。自他の位を打捨て、唯一念、仏になるを他力とはいふなり。熊野権現の、『信不信をいはず、有罪無罪を論ぜず、南無阿弥陀仏が往生するぞ』と示現し給ひし時より、法師は領解して、自力の我執を打捨たりと。これは常の仰なり」とあります。そもそも自力、他力ということを考えることそのものが、まだまだ初心者で未熟なのである。自力他力を超越して、ただナムアミダブツと称えて、仏とひとつになるのを本当の他力というのである。その次に出てくる熊野権現の言葉は、国宝聖絵とちょっと違いますが、意味は同じです。もうひとつ熊野権現の言葉が語録122ページの第八五に出て来ますので紹介しておきましょう。

「又云、我法門は熊野権現夢想の口伝なり。年来浄土の法門を十二年まで学せしに、すべて意楽をならひうしなはず。しかるを、熊野参籠の時、御示現にいはく、『心品のさばくり有べからず。此心は、よき時もあしき時も、迷なる故に、出離の要とはならず。南無阿弥陀仏が往生するなり』と云々。我此時より自力の意楽をば捨果たり」とあって、いずれも同じ意味のことを、言葉を換えて語っておられます。恐らくいずれの言葉も真実だったと思います。釈尊は相手を見て説法されたといわれますが、一遍上人もまた、相手の修行の程度や知識の程度によって、理解しやすいように語られたのではないでしょうか。

ところで、きょうの話の冒頭に、オウム真理教の話をしました。オウムの麻原某はヒマラヤの山中で修行して、空中浮遊の超能力を体得したとか、人の悩みごとを見抜く霊力を備えているとか、最終解脱を遂げたなどと喧伝して、釈尊に対して当時の人たちが奉った呼び名である導師という敬称を自分に付けるという、まことに思い上がった行為をしていました。人の悩みごとを見抜く霊力を宣伝するために、LSO、大麻などの麻薬を使って、予め悩みを吐き出させて、こっそり麻原に報告しておいて、麻原が霊力によってそれを当ててみせるという、二、三流の詐欺師の手口を弄しています。それもこれも、信者をふやし教団に財産を吸い上げて、教団の財産をふやそうという、まことに薄汚ない心から出たものです。

語録85ページを見て下さい。巻下第二一です。

「又云、自力の時、我執憍慢の心はおこるなり。其ゆゑは、わがよく意得、わがよく行じて生死を離るべしとおもふ故に、智恵もすゝみ行もすゝめば、我ほどの智者、われ程の行者はあるまじとおもひて、身をあげ人をくだすなり。他力称名に帰しぬれば、憍慢なし、卑下なし。其故は、身心を放下して無我無人の法に帰しぬれば、自他彼此の人我なし。田夫野人・尼入道・愚痴・無智までも平等に往生する法なれば、他力の行といふなり」云々、とあります。

「我ほどの智者、われ程の行者はあるまじとおもひて、身をあげ人をくだすなり」というくだりは、まさに麻原某そのものではありませんか。禅の世界でも生悟りが一番危ういといわれるそうですが、ちょっと修行をして、悟ったなどと錯覚して、世に害を及ぼすケースは古今東西多く例があります。オウムの場合は、もともと詐欺師的資質を持っていた麻原という男に、世に不満を感じていた若者が吸い寄せられて、とんでもない方向へ走り出してしまった結果の姿だと思わざるを得ません。

念仏の下地をつくる事なかれ

本日は「百利口語」を読んでみましょう。語録16ページの二行目からです。大意は次のようになりましょうか。

畳が一枚ありさえすれば、念仏三昧の生活を送るためには、それで十分である。念仏とともにある生活は、妄念など起きる空間さえない。ナムアミダブツの名号は、このように愚かで迷っているばかりのこの身には過ぎた本尊である。だから、念仏を称えるための道場は一切無用で、とかく世の人が伽藍堂塔をほしがるのは間違っている。また、私は利欲の心が乏しいので、伽藍堂塔を造るための勧進聖もしたくないのだ。

勧進聖は、本来は社寺の建物やそれに付属する施設、あるいは仏像などを募金して回る僧を指し、一番有名なのは、東大寺を再建した俊乗坊重源和尚が有名です。西行も勧進聖でした。それから、一遍上人没後百七十年ごろ、飢饉に苦しむ都の人たちにおかゆを作って施し、餓死者を弔い、収容施設を建て、荒れていた清水寺を復興したという七条道場の勧進聖の時衆、願阿弥陀仏も出ています。勧進聖はこうした純粋な人たちばかりではなく、集めた金を寺社に納める際に、いくばくかの礼金を取って、それで生活するというプロの募金屋みたいな人が多かったようです。一遍上人の時代すでにそうした勧進聖が横行していたからこそ、利欲の心すすまねばとここに歌い込まれたのでしょう。

昔、戦時中の映画にエノケンの法界坊という喜劇ものがありました。木製らしい梵鐘のイミテーションに小さな車をつけ、町なかを引張って歩き、募金をするわけですが、あの法界坊こそ勧進聖のなれの果てなのです。

五種の不浄とは、人間の肉体が存在すること自体が不浄である、いわば原罪観的考え方をいいます。しかし、ここでは利益を得たいという目的を持って人に説法をする意味で使われていて、説法はすまいと誓ったことであったというわけです。それから、人を集めて教団を作り自分が法主になるとか、規則などの決まりを設けるなどということは私は好きでないから、弟子もほしくはない。誰をスポンサーと頼んでいるわけではないので、人にへつらう事もない、とここまでは衣食住のうちの住について述べています。

〔五種の不浄〕この身体の本来的不浄。

①種子不浄＝父の精液から生まれた不浄。

②住処不浄＝母の胎内に十ヵ月留まった不浄。

③自体不浄＝地水火風というけがれた四元素から成り立っている不浄。

④外相不浄＝九つの穴から種々の汚物を出す不浄。

⑤究意不浄＝死後は腐って悪臭を発し、結局は清らかでない不浄。

次は衣と食です。人間である限り衣食は離れてしまうわけに行きません。しかし、それとてもすべては前世にした行いに対する報いであるから、ことさらに求めることはさらさらない。あれこれ言葉を尽くし、声を張り上げて乞食をし、時には心にもないことをいって願うようなことはしないけれど、命をつなぐ程度の食べ物は、さすがに人様が供養してくれる。もし、その食べ物さえ当たらなくなったら、飢死するまでのこと。死んでお浄土に生まれさせていただいたなら、素晴らしい事があるではありませんか。

だいたい、この醜い世間のなかで出世しようなどということを好まないので、着る物に、これでないといけないなどというものはない。人様が着せて下さるのに任せ、あれこれ心をわずらわすこともないのである。冬は小袖、夏は麻で作った帷子、紙子はもちろんのこと、古くなった筵や蓑の切れ端まで、寒さを防ぐための物だから、あるがままに身にまとえばよいのである。食べる物も同じで、当たりついたそのままに食べればよい。名号によって生死の世界は超えているのだから、病気になりはしないかとより好みすることもなく、体が弱ることを心配する身でもないので、体力をつけるために、よい食べ物を願うこともない。このところは読まれてお分かりのように、対句になっていますね。

次の色のための色は従来、顔色と訳されていますが、顔色だけでなくて外見すべてを指していると私は解釈します。その下の、味たしむは、味を強く好き好むという意味で、辞書には女偏に周の字が当てられています。外見を飾る気もないので、好きな物を食べたいという思いもない、と解釈しておきましょう。

さて、善も悪もすべて輪廻生死する人間の業ですから、この三界・六道の間に、うらやましいと思うような事はさらさらない。なぜならば、アミダ仏に身も心もお任せして名号を称えれば、その広大無辺な光に照らされて、仏に本当に仕える身となるので、観音菩薩、勢至菩薩が勝友になって下さる。だからわざわざ名号を称えるための友、同朋を求めることはいらないのです。

一遍の念仏は、いままでもしきりに出てきましたが、孤独独一の念仏です。同朋、同行とも念仏することを求めるのではなく、たった独り、すべてをかなぐり捨てて申す念仏こそ、弥陀超世の本願にもっとも適い候えという、あの念仏です。そして、諸々の仏がお護り下さるので、不慮の災難に遭う恐れはまったくない。このように考えると、これぞ仏の恩徳であると歓喜の心が湧いてきて、ますますお念仏が口をついて出てくる。一切衆生のためでなくては、念仏勧進の諸国遊行は何のためにもなりません。

ある年、熊野権現に参詣して、証誠殿に参籠したそのときに、新しく夢想のお告げがあり、そのお告げの通りに過ごしてきた。従って、自分が死んで後の世のことで、ことさら頼ることもない。一切は平等利益のためであるのですから。

国宝一遍聖絵によりますと、一遍上人が熊野へ詣でたのは文永十一年（一二七四）夏とあります。そして夢想の告げとは「融通念仏すゝむる聖、いかに念仏をばあしくすゝめらるゝぞ。御房のすゝめによりて、一切衆生はじめて往生すべきにあらず。阿弥陀仏の十劫正覚に一切衆生の往生は南無阿弥陀仏と決定するところ也。信不信をえらばず、浄不浄をきらはず、その札をくばるべし」とあります。一遍上人の念仏思想の根元的な精神でもあります。

さて、利口語を続けましょう。「但し不浄をまろくして」というのは、先に述べた五種の不浄の身をいうのでしょう。「まろくして」は、辞書には、真陸または真正で「真平にして」と書かれています。「まろげる」という類語には「ひっくるめて」とありますので、ここは五種の不浄をひっくるめて土として捨てる肉体と考えた方が分かりやすいと思います。

そこで、このような私一遍を信ずる人も、と考えたいところですが、その後を読んでみますと、そうではなくて、念仏を信ずる人も、非難する人も、ともに利益や罪があるのではない。なぜかならば、口に称える名号は不可思議功徳であるから、念仏を見たり聞いたり称えたりする人は、生死の迷いの夢をさますことができるのである。他力不思議の名号は、信ずる人も非難する人も、平等に利益を施す。それはまた、永遠の昔から存在する仏の本性でもあり、名号はいま初めて称えると思ってはならない。自分では気付いていなくとも、人はみな遠い昔から名号のなかにいるのだぞといわれています。

元来、仏も衆生も性はひとつです。迷いも悟りも違いはないはずなのに、衆生という連中は何とはなく妄念を起こしながら、迷いの道に入ってしまう。思えば不思議ではないか。ところが、如来の人を救おうという本願は、迷っている衆生に願を施して、どうしようもなく愚かな人たちを救うものであるから、その衆生が智恵を持ち弁舌さわやかに法を説くとか、戒律を保ち、清い心で布施をするといったことを願われているのではない。また坊さんたちの破戒も嘆かれはしない。心が定まっている人も、迷いに迷って心が安定していない人も、平等にお救い下さるから、行住座臥に、往生の障りになることはない。そして善だ悪だと人が分別する差別をなさらず、いうところの悪いことをした人さえ、お救いになるのです。

一方、衆生であるわれわれは、自力の善、つまり雑善では往生できないので、善根を積むべく励むこともいらず、身の振舞によって往生するわけでもないので、他人の目を気にして、よい恰好をすることもいらない。そして心の図らいによっても往生しないので、悟りを得ようなどとも思はないのです。

この言葉に対応する語録を探してみますと、111ページの語録巻下第六九に「又云、念仏の下地をつくる事なかれ。惣じて、行ずる風情も往生せず、声の風情も往生せず、身の振舞も往生せず、心のもちやうも往生せず。たゞ南無阿弥陀仏が往生するなり」とあります。「雑善すべて生ぜねば」以下「さとるこゝろも絶果ぬ」までが、語録第六九に書かれているのを、別の言葉で述べているわけです。

最後のところ、即ち結論の部分に入りましょう。

諸仏の光明も及ばぬほど偉大な阿弥陀仏、別名無量寿仏の名号は、迷悟善悪を超越した法であるから、自ら難思光仏、衆生の思慮が及ばぬ光の仏とほめ讃えられています。名号を信じるときは仏も衆生も隔てはなく、ということは、仏の身口意も衆生の身口意もひとつになるので、さまたげるもののない光の仏とお呼びするのである。されば、われら衆生は、生賢しらな思量を断ち切り、仏を仰いで一切を任せて、息のある限り南無阿弥陀仏と申さねばならない、と説かれているのです。

「踊り念仏」再考

きょうは、先日読売TVで放映された宗教の時間の番組のビデオをまず見ていただきます。今月十六日に兵庫真光寺で年に一度の一遍上人の遠忌法要が営まれ、踊躍念仏が上人のお墓である五輪塔前で奉納されました。この教室の受講生のなかからは、高瀬さんが大阪からご参列くださったわけですが、私も実は久しぶりの踊躍念仏見学でした。その席にTVのカメラマンがやってきて、本堂での法要やご廟での踊躍念仏を丹念に撮影して帰りました。私はてっきり踊躍念仏の取材だとばかり思っていたのですが、これから皆さんにも見ていただきますが、実は狙いは今回の大震災で一遍上人のお墓である五輪塔が倒れ、お骨が出て来た、あのことを構成して番組にするのが狙いだったのです。

この講座では、すでに信州佐久の浄土宗西方寺に伝わる踊り念仏を題材にした文化映画を見ていただきました。その踊り念仏は、一遍上人が始められたころのエネルギッシュな踊り、つまり原型の雰囲気を最もよく残しているといわれ、文化財にも指定されています。きょうは読売ＴＶのＶＴＲを通して、江戸時代に手を加えられたと考えられる現在の時宗の踊躍念仏を見ていただいたのち「をどらばをどれ」という、あの信州佐久に残る踊り念仏の実際に踊っている場面を、もう一度観賞していただいて、その変容を実感してもらいたいと考えました。合わせて、躍り念仏というものを、もういちど考察してみたいと思います。

ご覧の通り、その違いは歴然です。そもそも江戸幕府という政府は、非常に規制が好きです。踊躍念仏がいまの姿になってしまったのがいつのころか、はっきりしたことは分かりません。がしかし、恐らく江戸の初期から中期にかけてであろうことは、ほぼ推測がつきます。

一遍聖絵の画面を見ますと、弘安二年（一二七九）に、信州佐久の小田切の里のある武士の屋形で初めて踊り出した、とあります。その場面を詳細に観察しますと、武士の屋形の庭先で二十三人の人たちが輪になっています。一遍上人は縁先に立って、食器の鉢のようなものを叩いて拍子を取っており、その縁の端には、この屋形の主らしい武士が座っています。屋形のなかには武士の家族らしい人の下半身だけが描かれています。輪になって踊っている輪の中心には二人の時衆らしい老若が、いましも衣の裾を翻して踊っていて、年老いた僧の上部に念仏房と書き込みがあります。念仏房といえば、一遍上人が故郷の伊予を出発して遊行の旅にのぼるあの旅立ちの画面で、大きな笈を背負ってつき従ったあの念仏房のことと思われますが、仏教民俗学の大谷大学名誉教授だった五来重先生は、その著「踊り念仏」という本のなかで、念仏房という名前は固有名詞ではなくて、広く念仏聖のことを指し、大念仏や踊り念仏の際に世話方をつとめたり、音頭をとり、つまり調声役をつとめていたと述べられています。だから、この念仏房が、あの念仏房であったかどうか即断はできません。

「旅の思索者・一遍上人」の著者栗田勇さんは、念仏房を件の念仏房としたうえで、もうひとりの若い僧を一遍上人の妻と考えられている超一房ではないか、と推定しています。五来先生は、一遍在世中に変わらず調声をつとめた高弟真教だろうと、書かれています。しかし画面を仔細に調べますと、若い僧の墨染の衣の下から赤い裾がのぞいていて、ちょっと男の坊さんとは考えにくいうえに、真教上人は一遍上人よりも歳上なんです。画面の僧はいかにも若く、体つきもきゃしゃに見えるので、超一房と主張した栗田説に魅力を感じますが、証拠があるわけではありません。

ただ、踊りの輪の向こうに土を盛り、木を植えたような塚が見えます。一遍上人の叔父河野八郎通末は、承久の乱で朝廷方に味方し、父通信は奥州へ、兄四郎太郎通政は同じ信州伊那へ流されています。通末の流謫地は信州伴野といわれていますので、この画面の塚は、おそらく通末の墓ではなかったでしょうか。そうだとすれば、超一房、念仏房ともに河野家と俗縁につながっているので、通末の霊を慰めるために、鎮魂の踊り念仏を始めたと考えれば筋道は通ります。一遍聖絵も絵詞伝も、その点についてはなぜか一切触れていないのです。一遍上人はこの後、善光寺に参り、その足で奥州江刺の祖父河野通信の塚を訪ねて行き、塚をめぐって踊り念仏をしたことが描かれていますので、可能性は極めて高いといわねばなりません。

先ほど紹介した五来重先生の「踊り念仏」によりますと、踊り念仏が初めて踊られたと聖絵が書いている小田切の里の「ある武士の屋形」とは、伴野太郎時信の屋敷だろう。わざと名前を隠したのは、聖絵が書かれた時点では、伴野太郎が鎌倉の「霜月騒動」に連座して没落していたからだと推定しています。

伴野太郎といえば、佐久・野沢に現存する時宗寺院金台寺を建てた人です。その屋形跡は、金台寺北側に城山館として残っています。一方、小田切というのは、金台寺から約一キロ南の臼田町ですから、どうして「ある武士の屋形」が城山館ではなくて小田切だったのか、地理的に矛盾しているように感じられます。伴野太郎の屋敷は、城山館のほかに、小田切にもあったということでしょうか。もしくは聖絵が地理を間違えたのでしょうか。その点、後に出来た絵詞伝では、その点がはっきりしていて、歳末別事念仏をしたのも、踊り念仏を始めたのも、ともに伴野であったと読み取れます。通末のことが全く触れられていないことと合わせて、聖絵の制作者聖戒上人に、何らかの事情があったのかもしれません。

ところで、五来先生は著書「踊り念仏」の中で、そもそも踊り念仏は大原の良忍上人（平安後期の延久四年～長承元年、一〇七二～一一三二）の時代に広く普及したと推定しています。その裏付の一つとしてあげているのが「平家物語」長門本巻四の「卒都婆流し」に喜界島の「浦人島人集りたる時、念仏をすゝめて、同音に申させて、念仏を拍子に乱拍子を舞ひけり」とある点です。喜界島といえば当時の日本の辺土中の辺土です。その島で、念仏を拍子に乱拍子に舞ったというのですから、平家物語の時代、つまり平安末期には、流人の島でさえ踊り念仏が踊られていたというわけです。

良忍上人といえば、融通念仏宗の開祖ということになっていますが、実際に融通念仏宗が教団組織を持ったのは江戸時代に入ってからです。平安末期から鎌倉時代は、念仏といえば融通念仏というのが社会的通念であったようです。ですから大原の良忍上人は融通念仏思想の教祖的存在といった方が当たっているのではないでしょうか。彼は音楽の天才で、中国や朝鮮半島から渡ってきていた仏教音楽、声明を日本風にアレンジし、日本古来の音楽も加えてつくり直したと伝えられています。日本の宗教音楽の事実上の大成者というべきでしょう。
その融通念仏は、従って節がついています。例えば、時宗でいまも行事の際にうたっている来迎讃は良忍の作ですが、節回しが複雑なうえに抑揚が難しいし、静かなところ、激しいところと、かなり難曲です。しかし正直いってうたい終わった後は、気持ちが爽やかになって一種の快い陶酔感が残ります。名曲です。そして融通念仏は、初めうたうだけだったようですが、やがて踊りが付き、大念仏会が開かれると、踊り念仏が演じられるようになっていった、と五来先生は主張します。

聖絵にも絵詞伝にも、踊り念仏は空也上人（延喜三年〜天禄三年、九〇三〜九七二）が京都の町の東西の市などで始められた、と記しているように、十世紀に始まったものが、やがて良忍らによって民衆の間に広まります。一遍が踊った信州佐久は善光寺聖の影響が強いところでしたから、すでに村人たちは踊りを知っていました。一遍はそれを見て踊り始め、自らの布教手段のなかに採用したというのが五来説で、それによりますと、踊り念仏は一遍上人によって始められたものではないし、時宗独自のものではない、ということになります。時宗内部ではもちろん五来説に反発する意見が強いのですが、私は五来説を素直に認めるところは認めなければならないと考えています。

要するに、一遍上人はひとりでも多くの人に念仏を称えてほしかったのです。事実、一遍上人が踊り念仏を採用してから爆発的な人気が集まり、鎌倉の郊外での踊り念仏には、鎌倉中の貴賤道俗が雲のように集まったといい、京都へ入ると、これまた貴賤が押しかけて、一遍上人は弟子の肩車でやっと念仏札を配る有様だった、と書かれています。

小田切の里の踊り念仏は、二人の老若の尼僧らしい時衆を囲んで、道俗二十一人が思い思いに飛びはねているといった趣ですが、それから二年三ヵ月後の鎌倉片瀬の浜では、一段高い踊り屋をつくり、その上で一遍を中心に僧尼が足並み揃えて右回りに踊っています。全員が胸に鉦をかけ、その踊りを群集が見上げています。武士の主従もいれば女性も多い。いま息せききってかけつける琵琶法師と子ども、牛車があって駕輿があり、先日お話しした暮露や空地の隅には、例によって小屋がけの乞食もいます。数えてみますと、五十人を超す群集が描かれています。信州佐久からわずか二年三ヵ月の後には、これほど踊りそのものも、見る環境も整えられています。

これが京都での踊り念仏となりますと、文字通り踊り屋周辺は立錐の余地もありません。おそらくは踊る人も見る人も、念仏の大合唱だったのでしょう。一遍の踊躍念仏は、このようにしてブームを起こし、念仏札のご賦算も大いに進んだことでしょうが、一方では、当然のことながら、踊りながら念仏することに反発する声も強まります。

一遍没後六年の永仁三年に書かれた六条有房の「野守鏡」には「直心浄土なりといふ文につきて、よろずいつはりすべからずとて、はだかになれども、見苦しき所をかくさず、偏に狂人のごとくにして、にくしと思ふ人をばはばかる所なく放言して、これをゆかしく、たふとき正直のいたりなりとて、貴賤こぞりあつまりし事、さかりなる市にもこえたり」と批判し、野守鏡の翌年に書かれた「天狗草紙」には「念仏する時は頭をふり肩をゆりてをどる事、野馬のごとし。さわがしきこと山猿にことならず、男女の根をかくす事なく、食事をつかみ食ひ、不当をこのむありさま、併畜生道の果因とみる」と罵倒しているのです。

見苦しき所をもかくさず、というのは、踊りはねているうちに、チラッと見えることがあったかもしれません。とくに時衆は褰無し衣といって、いわばミニスカートみたいな衣ですから。しかし、憎しと思う人をはばかる所なく放言するとか、食べ物をつかみ食いする、などということは信じられませんね。多分に悪意を持って見ているように感じられます。

こうした旧仏教側の激しい攻撃があったにもかかわらず、民衆は踊り念仏を望み、その後、時衆教団の重要な行儀として伝えられます。近ごろ発掘される中世の村落跡に、しばしば踊り屋の跡が報告されています。そして踊り念仏がやがて念仏踊りとなり、ついには念仏が消えて日本各地の盆踊りや民謡となって、現代を生きるわれわれを楽しませてくれます。五来先生によりますと、阿波踊りも花笠踊りも越中おわらも念仏踊りが変化して生まれたものだ、といいます。京都に残る六斉念仏はもちろん、今宮神社の「やすらい花」も同じく流れを引いていると断言します。

なお、文化映画として見ていただいた信州佐久・跡部の西方寺の野沢念仏踊りは、関東、東北地方に多い天道念仏踊りの一種で、一遍上人の踊り念仏とは別系統のものだと、五来先生は書かれていますが、私は不勉強で、天道念仏踊りがどんなものか知りません。先生が生きておられれば、しからば一遍上人の踊り念仏に一番近いのはどこのものか、お尋ねに行くのですが、惜しくも一昨年、亡くなりました。

時衆は踊り念仏のエネルギーに押されるようにして教線を拡張するのですが、踊りがエネルギーを失い、民衆から離れてしまうころから次第に力と教勢を失ったといえます。以上、おさらいを兼ねて、踊り念仏を再考してみました。

来迎讃について

きょうは、前回の講座の際に触れました来迎讃についてお話したいと思います。話だけでなく、本山が発行したカセットのなかから来迎讃を実際に聴いていただきます。なぜかならばこの来迎讃こそ、日本の中世が生んだ宗教音楽の傑作のひとつと考えるからです。

中世の時衆の活動について「中世の歌声運動」と評した人がいます。確かに時衆には和讃が多いのです。普通「浄業和讃」あるいは「十九和讃」と呼ばれていますが、これらのものは「身を観ずれば水の泡　消ぬる後は人もなし」という一遍上人の別願和讃を初めとして、二祖真教上人の往生讃、その後を継いだ三祖智得上人の弘願讃、称揚讃、六道讃、七祖託何上人の宝蓮讃、荘厳讃、光陰讃、大利讃などなど、歴代の遊行上人が和讃を作り、毎月一日にはこれ、二日にはこれ、三日はこれといった具合いに、日々の六時礼讃の際に日替わりで必ず称えるわけです。これほど和讃の多い宗旨は、日本仏教では、他に例がないと思います。

一遍上人の頭のなかには「どのようにすれば人々がナムアミダブツの名号、お念仏を称えるようになるだろうか」という思いが、常にあったのではないでしょうか。あの踊り念仏もまた、民衆にお念仏を称えてもらうための、いいかえれば結縁のためのパフォーマンスでありました。その点、日本語で綴る和讃は、難解な仏教の教理を分かりやすく民衆に伝えるための優れた方法のひとつであり、和讃の前後では、念仏に節をつけて声を張り上げてうたうわけですから、もってこいです。

さて、来迎讃です。この和讃の作詞者は往生要集の著者であり、日本浄土教の先駆者であった比叡山横川の恵心僧都源信上人です。作曲者は不明ですが、私は大原の良忍上人あたりではないかと想定しています。証拠があるわけではありません。ただ、ゆっくりとしたテンポで始まり、徐々に曲が高まって、やがて喜びのクライマックスに爆発させる構成力は、並の力ではないと思われます。後で実際に聴いていただきますから、理解されるはずですが、畳みかけるようなクライマックスでの迫力は大したものです。

あるいは、恵心僧都といえば、慶滋保胤を中心とする二十五三昧講式が思い浮かびます。二十五人の念仏者が毎月十五日の夜に集まって念仏三昧の催しをするのです。来迎讃はこの三昧講式のなかで生まれた可能性もあります。

来迎思想というのは、申すまでもなく、念仏の行者が臨終のときには、阿弥陀如来をはじめ観音菩薩、勢至菩薩、極楽のたくさんの聖衆がこぞって迎えに来て行者を極楽へ導いてくださるのだ、というものです。いまでも大和の当麻寺などに二十五菩薩来迎会があって、仮面をかぶった二十五菩薩の行道が行われます。

一遍上人は、来迎思想をどう考えていたのでしょうか。語録１０３ページの第五五「又云、行者の待によりて、仏は来迎し給ふとおもへり。たとひ待えたらんとも、三界の中の事なるべし。称名の位が即まことの来迎なり。称名即来迎と知ぬれば、決定来迎あるべきなれば、却て待るゝなり。

およそ名号の外は、みな幻化の法なるべし」とあって、称名即来迎、つまり名号をとなえたその瞬間に救われて来迎をいただくのであって、何も臨終の際に待っているから仰々しくお迎えをいただくわけではない、といっているのです。しかし、来迎そのものを否定しているのではなく、別願和讃の中ほどすぎに「別願超世の名号は　他力不思議の力にて　口にまかせてとなふれば　声に生死の罪きえぬ…此時極楽世界より　弥陀・観音・大勢至　無数恒沙の大聖衆　行者の前に顕現し　一時に御手を授つゝ　来迎引接たれ給ふ」と述べられています。

一遍上人の教えの神髄は、捨てるということにあります。興願僧都に送られた手紙には「地獄をおそるゝ心をもすて、極楽を願ふ心をもすて、又諸宗の悟をもすて、一切の事をすてゝ申念仏こそ、弥陀超世の本願に尤かなひ候へ」とあります。それであるならば、当然、来迎を待つ心も捨てなければならないはずです。しかし、いきなり捨てよといっては、なかなか民衆には分かってもらえないでしょう。そこで方便として来迎を認めて、念仏する心を起こさせ、そのうえで本当になにもかも振り捨てた空無我の純粋念仏に導いて行く、そういうことを考えておられたのではないでしょうか。お手元に配ったのは来迎讃と歌い方を示したいわゆる博士です。まず詞を解釈して行きます。

室町時代の永享二年、六代足利義教は七条道場に参詣して、日中法要を聴聞したということが満済准后日記に記されています。義教だけでなく、八代義政もしばしば七条道場で日中法要を聴いています。六時礼讃のうち日中礼讃は正午ごろに行なわれるわけですが、礼讃の後、この来迎讃の行道があり、時衆僧尼による踊躍念仏も営まれます。それらを見ることも多分、目的のひとつであったろうと、私は推定しています。つまり猿楽を観賞するのと同じような娯楽的狙いもあったわけで、時衆が人気を集めたのも、それ故であったと考えられます。

革命的な女性観

きょうは一遍上人の女性観についてお話したいと思います。

いわゆる旧仏教では、女性は穢れの多いもの、仏にはなれないと考えられてきました。例えば、弘法大師空海の伝記である「大師御行状集記」という本には、空海が「女人は諸悪の根源であり、善法を皆尽きさせる元である」として「女性を僧房に入れてはならない」と規定を定めたとあります。この話は、空海本人が書いたものではなく、その弟子たちによって記述されたものです。従って、あるいは弟子たちが戒律を守らせようとして、実際にはなかったことを書いた可能性がないわけではありませんが、仮りにそうであっても、弟子たちが「女人は諸悪の根源である」と考えていたことだけは確かです。

戒律を厳しく守ろうとした人たちからみますと、女性は非常に危険な存在と考えられ、近付けてはならないものと見られていたわけです。そればかりでなく、女性は五障三従のさわりを持った存在で、仏教非器、つまり仏となる能力に欠けているとか「女人垢穢」といって存在そのものが穢れている、といった女性に対する差別観が非常に強かったのです。

奈良時代には全国に国分寺とともに国分尼寺が建てられ、女性が尼となって国分尼寺に入ることができるようになっていましたが、歴史学者の研究によりますと、八世紀の中ごろから国分尼寺の地位は急速に低下して、国家的な法要から排除され、九世紀初頭からは女性の出家そのものが規制されていきました。当時の仏教は鎮護国家を目ざしたもので、国家安泰のために祈ることが求められていました。

〔五障三従〕女は梵天、帝釈天、魔王、転輪王、仏になれないというインド初期の思想。
　　結婚前は父親に、結婚後は夫に、夫の死後は息子に従う。独立人格を認められていない。

これに対し、法然を頂点とした鎌倉新仏教では、女人といえども救済されるという思想が主張されます。国家仏教から個人の仏教への転換です。法然が、神崎の遊女に対して、遊女のような穢れ多い女性でも阿弥陀如来によって救われると説き、彼女たちを感動させた話は有名です。もちろん親鸞も他の法然の弟子たちも、むしろ女人救済を旗印にして宗教活動を展開します。

さて一遍はどうだったでしょうか。語録28ページ「消息法語」の冒頭に「西園寺殿の御妹の准后の御法名を、一阿弥陀仏とさづけ奉られけるに、其御尋に付て御返事」があります。この消息は、一遍の念仏思想を知るうえでも極めて重要ですから、丁寧に読んでみましょう。

「此事は申入候しにたがはず」とあるところからみますと、一遍は使いの僧でも遣わして、先に口頭でも返事をさせていたものと思われます。「口頭で申し上げた通りです」と切り出した後「此体に生死無常の理をおもひしりて」というのは、単に頭のなかで生死無常の理屈を理解するのではなく、「此体」つまり身を以って、というか「本当に身にしみて」と強い言葉を使っていて、一遍上人独得の言い回しです。

「南無阿弥陀仏と一度正直に帰命せし一念の後は」は「ナムアミダブツといったん素直な心で身も心も捧げ尽くします、と名号を一回称えた後は」と訳すべきでしょうか。

「我も我にあらず。故に心も阿弥陀仏の御心、身の振舞も阿弥陀仏の御振舞、ことばもあみだ仏の御言なれば、生たる命も阿弥陀仏の御命なり」というのは「南無阿弥陀仏」といちど素直な心で名号を称えた衆生は、その瞬間に阿弥陀如来と一つになって、身も心も振舞いも言葉も、この命そのものが如来そのものになってしまう。ここに出てくる阿弥陀如来は、一遍上人の思想からいえば、すべて南無阿弥陀仏の名号でなければなりません。そうしなかったのは、准后がなぜ一阿弥陀仏なのか、と尋ねられたからだと思います。

南無阿弥陀仏と読んだ方が、上人のいわんとしていることが、より鮮明に分かるのです。ここからまた名号が名号を聴く、とか、念仏が念仏を称える、といった、一遍上人独得の境地が浮かび上がってきます。

「然ば昔の十悪・五逆ながら請取て、今の一念・十念に滅したまふ有難き慈悲の本願に帰しぬれば」に参りましょう。十悪・五逆というのは、注釈にもある通り、人間が生まれ変わり死に変わりしている間に犯している諸々の罪、とくに無間地獄に落ちて未来永劫浮かび上がれないというほどの大罪、五逆の罪までもたった一回の念仏でお救いくださる如来の慈悲の本願に帰依すれば、ということです。

「いよいよ三界・六道の果報も由なくおぼえて、善悪ふたつながらものうくして」三界・六道は、人間が流転する様々な世界です。弥陀如来とひとつ、いやナムアミダブツの名号と一体になったわけですから、流転の世界とは無縁になりました。ですから、「いままで愚かな人間の図らいで善だ悪だといっていたのも、気が進まなくなり」と訳すべきでしょうか。「ものうく」は辞書によると「何となく倦みつかれた感じである」とか「大儀で気が進まない」とありますが、ここでは

「気が進まない」と解釈しておきます。要するに「最早、意味がない」というほどの表現です。最後の一節です。「唯仏智よりはからひあてられたる南無阿弥陀仏ばかり所詮たるべしとおもひさだめて、名号を唱え、息たえ命終る。これを臨終正念往生極楽といふなり。南無阿弥陀仏」

「仏さまの深い智恵から、お図らいをいただいた南無阿弥陀仏のみが、最高最善のものと心に定めて、大きな声で名号をとなえ、息が絶える。これを死に臨んで正しい思いを保ち、極楽に往生する、というのである」。

消息の受取人の西園寺殿の御妹の准后というのは、太政大臣西園寺実兼の妹嬉子で、亀山天皇の中宮となり、位は従三位。記録によりますと、弘安六年、三十歳で出家したとされています。弘安六年といいますと、一遍上人は東海道を京都へ向かって遊行されているところで、翌年の弘安七年閏四月十六日に、四条京極釈迦堂、後の四条道場へ入っています。一阿弥陀仏という法名をいつ贈られたかよくは分かりませんが、一遍上人が近江に滞在中とすれば、法名を贈られて出家したという可能性もないわけではありません。ただ、もしそうなら、聖絵に准后の戒師をつとめられたことが出てくる筈ですから、考えすぎでしょうか。いずれにせよ、中宮嬉子は、出家したか、もしくはそう時間の経っていないときに、一遍上人から一阿弥陀仏と法名を贈られていたことになります。

因みに、時衆では、前にもお話しました通り、女性は○弌房とか○仏房と法名が付けられ、男に○阿弥陀仏と阿弥陀仏号が付けられることが多いのです。総本山には、いまも往古過去帳といって、一遍上人以来、代々の遊行上人が書き込まれた過去帳が残っています。それによりますと、弘安四年から書かれた往古過去帳の尼衆は、ほとんどが弌房、仏房号です。

西園寺家は伊予の国に荘園があり、従って伊予を領していた河野家とは親しい関係にあったといわれています。そんな縁から中宮嬉子は、一遍上人に法名を頼まれたのでしょう。親しいとはいえ、西園寺家は太政大臣で、姫君は天皇の中宮です。一介の捨聖である一遍とは、身分の上では月とスッポンほどの違いがあります。しかし、この消息文を読んでみますと、一遍上人には、少しも卑下したところはなく、実に堂々と自らの信ずるところを披歴されています。ここからも一遍上人の気骨が伝わってきます。

さて肝心の女性観ですが、この消息を読む限りでは、一遍上人の女性観はよく分かりません。ただ、男女差別がなく、女性も男性も等しく救われる、という考え方が伺われると思うのです。そうです、そもそも一遍は念仏勧進の旅に故郷を出発する際に、妻と考えられる超二房、娘と思われる超一房を連れています。もうひとりの念仏房については、女性、男性両説がありますが、とにかく大事な旅に妻と娘を連れて出ている、というのは非常に象徴的です。しかし、熊野本宮で「信不信をえらばず、浄不浄をきらはず」と神意を蒙ったあと「いまは思ふやうありて、同行をはなちすてつ」と故郷に残っている弟聖戒に手紙を送っています。

この「思ふやうありて」が具体的にどのような事を指すのか、聖戒さんは記録していないのですが、とにかく超一、超二は伊予へ送り帰されたという説と、女性の高野の別所天野に入ったのではないかという二つの説があります。もうひとつ、栗田勇氏は、その著「旅の思索者・一遍上人」の中で、超一と念仏房は、いつしか再び時衆の群れに投じ、超一は教母的存在になった。そして信州佐久で踊り念仏が始められたとき、超一がリーダー役をつとめた、との説を述べておられます。

いずれにせよ「はなちすてつ」という表現には、一遍の並々ならぬ決意が込められているように感じられます。故郷の伊予を出てから四天王寺～高野山～熊野と念仏勧進の遊行を続けるうちに、女性の足では自分の思うように遊行ができない、などといったことがあったのでしょうか。しかしながら、その後の一遍上人は、九州から四国へ戻り、海を渡って中国道を遊行しているうちに、多くの信者を獲得することになります。あの有名な備前福岡の市での、吉備津神社の神主の息子との事件も、元はといえば、神主の息子の妻が一遍上人の法話に感動して、亭主の留守中に黙って髪をおろし出家してしまったことによるものです。遊行に随伴する時衆のなかに、尼僧も多かったと思われます。

ところで、一遍聖絵を読んで、尼僧に関する記述を探してみますと、意外に少ないことに気付きます。その少ない記述のなかのひとつが、語録47ページの「下野国小野寺といふ所にて、俄に雨おびたゞしく降ければ、尼法師みな袈裟などぬぐを、見給ひて『ふればぬれぬるればかはく袖のうへを雨とていとふ人ぞはかなき』」とあります。尼僧たちが俄雨に大騒ぎしているのを見て、苦々しく思われたのでしょう。

もうひとつ、続いて書かれている「或とき、時衆の尼、瞋恚をおこしたりけるに『雲となるけぶりなたてそあまのはらつきはおのれとかすむものかは』」。この歌にはユーモアがあります。同行の尼さんのなかに、怒りっぽい人がいたのでしょう。「あんまり腹を立てると、それが雲となって月をかくしてしまうぞ。つまり怒りに目がくらんで、真実が見えなくなるぞ。そうそう腹を立てなさるな」と、やんわり戒めておられるのです。先の方の歌でも尼さんが「やれやれ雨はいやだ」と大声でぐちったのかも知れません。一遍さんのため息が聞こえてくる気さえします。

多勢の男女を連れて歩いていますと、色々と問題が起きます。トラブルを避けるためだったら、女性は連れて行かなければよいのですが、一遍上人は、そんなトラブルに悩まされながら、やはり尼僧を遊行の旅に加えています。南無阿弥陀仏の前には男も女も平等という考えが、一遍上人には強くあったのです。

男女差別がなかった例として、尾張・甚目寺で、一行が土地の有徳人、金持ちによる供養を受ける場面があります。例の朝日百科「歴史を読み直す」第十巻「中世を旅する人々―一遍聖絵とともに」で詳細に見てみますと、一遍上人を中心にして左右両側に、向かって右側に男の僧、反対側に尼僧が座り、いずれも黒塗りのお椀の白米を食べています。ご飯の大きなお櫃の横には、時衆らしい坊さんがネズミ色の法衣の袖をたくし上げてご飯をよそおうとしています。大きなお櫃は四個所に二つないし三つ置かれていて、いまいった時衆がそれぞれに配置されているのですが、どうやら尼さんらしい人もいれば、男の坊さんらしい人もいて、決して尼さんばかりが食事当番をしているのではないことが分かります。現代だったら、きっと食事当番は女性の仕事となるでしょう。その意味では、この時代の時衆の方がよほど進んでいるように見えます。

室町時代後期のころから、尼僧の姿が時衆から消えて行きます。先ほども述べましたように、男女が道場というひとつ屋根の下で暮らし、ともに旅をするというのは、どうしても問題を起こしやすいものです。社会からも色メガネで見られるといったこともあったのでしょう。

一遍上人は、京都桂で病気療養のとき、語録42ページに出ていますが「上人いさゝか御悩おはしましけるとき、書て門人にしめしたまふ御法語」として「夫、生死本源の形は男女和合の一念、流浪三界の相は愛染妄境の迷情なり。男女形やぶれ、妄境おのづから滅しなば、生死本無にして迷情こゝに尽ぬべし云々」と書いておられます。

一遍上人在世の時代から、このような法語を書いて門人たちを戒めねばならなかったのですから、後世、時衆にとって大きなリスクとなるのも、また止むを得なかったのかも知れません。このように、一遍上人自身には、女性を差別する気持ちはなかったと私は考えます。その意味からも、一遍上人の思想と行動は、当時としては、革命的であったといえるでしょう。

消息法語

きょうは平成七年最後の講座です。この講座は「一遍上人語録を読む」ということで、今年四月から進めてきました。「語録」や、一遍上人が日ごろ語った話を弟子たちがまとめたという「播州法語集」を全巻読み通すことは、限られた時間のなかでは極めて困難です。このため、語録、法語集のなかから、とくに重要かつ一遍上人の思想を読み解くうえで必要と考えられるものを拾い上げてお話してきましたが、改めて語録を読み直してみますと、どうしても読んでおかねばならない消息法語が、かなり残っているのに気付きます。そこで本日は、まだ取り上げてこなかった消息法語を、少しピッチを上げて読んで行きましょう。

消息法語といえば、初回に興願僧都に送った捨てよ捨てよ「一切の事をすてゝ申念仏こそ、弥陀超世の本願に尤かなひ候へ」というあの手紙を取り上げ、前回は亀山天皇中宮嬉子の一阿弥陀仏という法名についての問い合わせに答えた「南無阿弥陀仏と一度正直に帰命せし一念の後は」という、あの消息法語について話を進めました。

この二つの手紙は、まさに一遍上人の念仏思想の神髄を吐露されたものですが、語録30ページの「土御門入道前内大臣殿より、出離生死の趣、御尋に付て御返事」もまた、極めて簡潔に念仏往生について語っておられるので、読んでみましょう。

この消息は聖絵第七巻に掲載されています。弘安七年四月十六日に、上人は近江から京都の四条釈迦堂へ入り、七日の後、因幡堂へ移られますが、その因幡堂へ土御門入道が念仏結縁にやって来て、上人に歌を贈ったのに対し「ほとゝぎすなのるもきくもうたゝねの夢うつゝよりほかのひと声」つまり「色々と迷うのは凡夫の常だから、迷う心のままで念仏を称えなさい」と返歌をしたあと返事を書かれたものです。土御門入道は、前回の中宮嬉子と違い、仏教について教養がありります。だから、充分な理解力があるものとして書かれていることを念頭に置いて下さい。

他力称名は不思議の一言に尽きる、といきなり本題にズバリ入ります。そして如来の本願は、凡夫がこの定めなき世界から脱出するための、一番の近道であり、他の諸々の仏の深い智恵でさえ及ぶところではない。ましてや浅はかな衆生の知恵でうかがうことは出来ない。三乗とは声聞、縁覚、菩薩など、功徳を積んでもう少しで仏になるという優れた人たちを指すのですが、彼らもまた、まだ仏ではない。仏智に比べれば浅智なのです。ただ、様々の教えが主張する悟りの道を耳に留めることなく、ひたすら名号を称えて無心になることを指して「臨終にのぞんで正しい思いでいる」というのです。またこのとき、仏の来迎に預り極楽へ迎えていただくことを念仏往生というのです。

ここでは「といふ」との言葉が三回繰り返されています。これが、文章を非常に迫力のあるものにしています。相手が男性で知識人であることもあって、力強い文章になっているのでしょう。読んでいて小気味のよいリズムです。

この消息のポイントは「南無阿弥陀仏ととなへて、わが心のなくなるを、臨終正念といふ」ですね。

続いて「頭弁殿より、念仏の安心尋たまひけるに、書て示したまふ御返事」にまいりましょう。頭弁殿というのは、蔵人の頭で、宮中の諸儀式や雑事一切、このほか訴訟とか文書道具を管理する蔵人所の実質的な取りしきり役。いまの政府でいえば、宮内庁と法務省を合わせた省の事務次官というところでしょうか。頭弁殿の話は聖絵にはなくて、縁起絵、つまり絵詞伝の第三巻に、先の土御門入道の話に続いて出てきます。従って同じ弘安七年九月一日ということになります。

「念仏往生とは、我等衆生、無始以来、十悪・五逆・四重・謗法・闡提・破戒、破見」というのは、ありとあらゆる罪、とがを指しています。数えることも出来ないほど多くの罪、とがを行ってきた。だから、果てしもない無限の未来にわたって生死を繰り返し、六道、四生、二十五有と呼ばれるあらゆる世界で輪廻転生して止まるところがなく、諸々の大きな苦しみを受けなければならないのは当然です。それなのに、法蔵比丘が五劫もの長い間考えに考えて、名号という不可思議なとしかいいようのない法をお悟り下さり、凡夫往生の本願を立てられた。この願が十劫の昔に成就して阿弥陀如来となられたわけですから、すべての衆生の往生は南無阿弥陀仏と決まっているのです。このお悟りの本体が阿弥陀仏というお名前に現われているからには、この見苦しい世をいとい、お浄土を願う心のある人は、自分の信不信、浄不浄、有罪無罪をとやかく言わずに、ただただ、このような不思議な働きの名号を聞き得たことを喜びとして、南無阿弥陀仏ととなえて命を終わるとき、必ず聖衆が来迎して永遠不滅の真理と合致する筈です。これを念仏往生というのです。

ところで、繰り返して念仏往生を説いています。土御門入道に対しては「唯、諸教の得道を耳にとゞめず、本願の名号を口にとなへて、称名の外に我心をもちひざるを…南無阿弥陀仏ととなへて、わが心のなくなるを、臨終正念といふ。此時、仏の来迎に預て極楽に往生するを、念仏往生といふなり」と説き、頭弁殿には「わが機の信不信、浄不浄、有罪無罪を論ぜず、たゞかゝる不思議の名号をきゝ得たるをよろこびとして、南無阿弥陀仏をとなへて息たえ命をはらん時、必聖聚の来迎に預て、無生法忍にかなふべきなり。是を念仏往生といふなり」と述べておられるのです。

ひとつのものを、上から見るのと、下から見るのとでは形が違って見えるのと同じように、両者の説明の仕方には違いがありますが、本体は何ら変わっていません。相手の理解度や、心の深まり具合いなどを考えながら、法を説かれていることがよく分かります。

もうひとつ、次の「結縁したまふ殿上人に書てしめしたまふ御法語」を読みましょう。この殿上人がだれであるのか特定できませんが、前二つの消息法語と同じく、弘安七年でしょうか。日付が三月九日になっているところをみますと、あるいは京都入り直前の近江国滞在中に殿上人が結縁した、ということでしょうか。上人は弘安七年秋には桂を発って山陰路を西下されています。

いまここで結縁したのは極楽往生のためですから、極楽浄土で再会できることは、全く疑いありません。名号のほかには衆生も阿弥陀仏のお救いはなく、従って名号のほかに往生の道はないのです。全ての仏法はことごとく名号そのものに備わった功徳であります。だから、南無阿弥陀仏と名号を称えて息が絶えることを無生忍を得る、つまり永遠の真理の悟りを得るのだ、と納得することを臨終正念と申すのです。この一念こそが、十劫の昔に法蔵菩薩が誓いを立てられ阿弥陀如来となられた正しい悟りそのものなのです。

これは非常に短い消息法語ですが、初めに「現世の結縁は後生のためだから、いまこのまま別れても、必ず極楽で再会できますよ」とやさしい言葉を述べて相手の気持ちを引きつけておいて「名号の外に機法なく、名号の外に往生なし」と単刀直入にズバリ教えの核心に触れて行く一遍上人という人は、人を引き付ける才能を天性備えた宗教的天才であったと実感します。とてもとてもわれら凡人の及ぶところではありません。その意味では、いま話題となっている蓮如上人の御文章と極めてよく似ています。

時間がありますので、３８ページの「或人、念仏の法門を尋申けるに、書てしめしたまふ御法語」へ参りましょう。

いままで取り上げてきたのは、いずれも当時の貴族にあてたものですが、この法語は貴族以外の人に与えたもので、かなり仏教用語が混じっているところをみますと、僧である可能性が強いと思います。そういえば、語録は消息法語として、まず西園寺殿の御妹中宮嬉子に始まり、土御門入道前内大臣・源通成、頭弁殿、結縁したまう殿上人。ここまでが貴族で、俗世間での位の高い順に編集し、殿上人の後は興願僧都、その次に山門横川の真縁上人、そして、この「或人」とつながります。僧である可能性は編集の方法からも察しられます。

本文です。「念仏往生とは、念仏即往生なり。南無とは能帰の心」ということは、よりかかって頼みとする心の意味です。「所帰の行」とは、頼みとするものに対する働きかけのための念仏です。心と行とがうまく調和して一体となるのが往生です。南無阿弥陀仏と称えた後は、自分の心の是非善悪をいわず、念仏の後で迷いの心を起こさないのを信心の定まった行者というのです。いま称えている称名のほかに臨終があるわけではありません。ひたすら南無阿弥陀仏と称えて命が終わるのを期すべきであるというのです。

「山門横川の真縁上人へつかはさるゝ御返事」についてお話します。この消息文が書かれたのは弘安六年のことと考えられます。聖絵第七巻に「江州は多く山門の領たるによりて、ひさしく帰依のことしかるべからざるよし、相触れらるゝときこえしかども、横川の真縁上人来臨ありて、互ひに芳契ありき。数日の化導のわづらひなくしてすぎ給ひぬ」とあり、この真縁上人のお陰で叡山の圧力を受けずにすんだというのです。ですから、一遍上人にしてみますと、なにやら腫れ物に触るように気配りをするところもあったと思うのです。そういった背景を頭に入れて読む必要があります。

ところで、真縁上人という人はどんな人だったのでしょう。最近の研究によりますと、後嵯峨天皇の側近くに仕えた少納言平輔兼で、出家して真縁と称し横川に住んだといわれます。出家とはいっても正式に僧綱に加えられたわけではなく、いわゆる遁世者でした。しかし、有力な俗縁があり、延暦寺では大きな影響力を持っていたとされます。信仰は専修念仏者ではなく法華経信仰を持っていたらしいのです。そして一遍上人の死後、一遍上人を激しく攻撃した「野守鏡」の筆者ではないかと想定されています。聖絵やこの消息に芳契ありき、といわれながら、どうして一遍上人を攻撃する側に回ったのか、謎といわねばなりませんが、それはこれからの研究課題です。

さて、消息の内容にいきましょう。此の世でお会いできたのは、お互いに生まれ変わり死に変わりしているなかでのよろこばしい出会いでした。契りは約束と訳されますが、この場合は約束では意味が通らないので、出会いとしておきましょう。お互いに阿弥陀仏という同じ仏さまに帰依しているのは、大いなる喜びです。先ほどの研究では、真縁上人は法華経信者といわれます。彼はそれを隠していたのでしょうか。しかし、一遍上人は、この手紙で読む限りでは専修念仏者と思い込んでいたようです。芳契というからには、大いに意気投合した、気が合った、ということでしょう。

そもそも私たちの生死は執着心にとらわれた迷いの心であり、悟りは専ら迷いや悩みからの解放です。生死は本来実体のないものですから、いくら学んでも悟りには到達できませんし、その悟りさえも本来実体がないのですから、いくら行を進めてもつかむことができないのです。そうはいっても学ばない者は、ますます迷いの世界にはまり込むでしょうし、行を進めなければいよいよ流転するばかりです。従って、身命を捨てて行を進め、心の限り学問を修めねばなりません。

この道理は、聖道門も浄土門も表現は違っていても、結局はひとつなのです。ですから、聖道門の法華経では「我身命を愛せず、ただ無上道を惜しむ」といい、浄土門の観無量寿経には「身を他の世に捨てゝ、必ずかの国に生ず」と言っているではありませんか。だから、聖道門は自力の行で自らの身命を捨てて仏道を探求するのが当然ですし、浄土門は他力の行ですから、身命を阿弥陀仏に捧げ、命尽きて後、仏の命を悟るのです。従って、私らのような凡夫は、ひたすら念仏するほかに悟りの道を求めることが出来ないのです。阿弥陀経には「念仏申す者は、六方におられる数え切れないほどの仏たちのお護りをいただいて、次々と浄土に生まれることは間違いなし」と書かれています。

ただ、南無阿弥陀仏の六字のほかに自分はなく、すべての衆生に行き渡り、名号はまさに独一にして普遍なのです。

それで、紫雲天華のことですが、念仏の不思議な力によるめでたい現象なので、私たち凡夫の思いの及ぶところではありません。凡人の考えながら、よく見分けることにしましょう。おっしゃったように、阿弥陀経百巻を結縁いたしました。

横川は日本の念仏発祥の地で、念仏者も多かったのでしょうが、何といっても比叡山は法華の聖地です。そんな真縁上人の立場にかなり気を配って、立てるところは相手を立て、強引に我田に水を引いていません。しかし、いうべきところは堂々と主張されているのがよく分かります。その一番めだつのが紫雲天華のくだりです。

ここから先は私の推量ですが、真縁上人から「紫雲天華についてどう思われるか」というような質問があったのでしょう。一年前の鎌倉片瀬の浜で紫雲天華のことを問われたとき「雲の事は雲にとへ、華の事は華にとへ、一遍しらず」と言い放った一遍上人ですが、ここでは「称名不思議の瑞相なれば、凡夫の測量におよばざる者か。凡情を尽して、此華もよくわくべく候」とトーンを落としています。

それから阿弥陀経百巻の結縁というのは、他力の一遍上人からしますとおかしいわけですが、山門との衝突を避けて、申し入れを承知したのではないでしょうか。

なお、この結縁については百巻を写経したとみる説と、当時はまだ紙が貴重なころですし、第一、一遍上人が多量の紙を買う金など持っているとは考えられないので、百人分のお経を読んだのだろうとの説があります。しかし、お経を読むのを百巻と表現するのは不自然ですし、真縁上人が申し入れたとしますと、お経を読むというのは余りに当たり前すぎて、わざわざ申し入れるほどのことではないように感じられます。としますと、紙は貴重品であったにせよ、写経したのではないでしょうか。

三人の武士との出会い

一遍上人が伊予の河野水軍の棟梁たる河野家の出身であることは、皆さんもよくご存知の通りです。しかも、父通広が亡くなった弘長三年から、思い立って善光寺に参籠するまでのほぼ八年間、年齢でいいますと二十五歳から三十三歳という働き盛りの期間に、還俗して父の領地を実際に経営し、親類の者から領地のことで危うく殺されそうになる、一説には女性問題もからんでいたのではないか、といわれていますが、ともかく俗塵にまみれた武士としての生活を経験しているわけです。

国宝一遍聖絵巻一によりますと「聖としかとは里にひさしくありては難にあふといへる風情もおもひあはせらるゝこと侍り」と、ちょっと持って回ったいい方で書かれています。一方、亡くなる直前には「かねて臨終のことをうかゞひたてまつる人のありしかば『よき武士と道者とは死するさまをあだに知らせぬ事ぞ』」ともいわれています。武士を捨てたはずの一遍上人が、死を目前にして「よき武士」と言われたところに、上人の武士観が表われているように思えます。恐らく一遍上人の心のなかでは「よき武士」と念仏勧進の遊行を続ける自らの姿がオーバーラップしていたのでしょう。

弘安五年春、鎌倉に入ろうとして、時の執権北条時宗の一行とぶつかり、警固の武士に行手を阻まれて杖で二回まで打たれたとき、「念仏勧進を我いのちとす。しかるをかくのごとくいましめられば、いづれのところへかゆくべき。こゝにて臨終すべし」と言い放って、結局は鎌倉郊外の片瀬の屋形の御堂で断食して別時念仏をされた。この後、片瀬の浜の地蔵堂へ移り、数日を送られた。このとき鎌倉中から「貴賎あめのごとく参詣し、道俗雲のごとく群集す」と聖絵には書かれています。まさに「鎌倉武士河野通尚」—通尚というのは、上人の俗名ですが—その面目躍如の趣きです。

ここで注目すべきは、この鎌倉入り事件までは、一遍上人は社会的にはまったく無名の一遊行僧にすぎませんでしたのに、時の最高権力者北条時宗と対等に渡り合ったということで一躍有名になったのでしょう。物見高いのは昔も今も変わりません。いや情報の洪水のなかで揉まれている私たちよりも、七百年前の鎌倉時代の人たちは情報が少なかった分、余計に物見高かったようです。

聖絵の片瀬の浜の地蔵堂での踊り念仏の場面を見ますと、踊り念仏の桟敷の周囲に見物の老若男女の姿が描かれています。弓と矢を身につけた武士の一団もおります。いや画面の人物を一人ひとり仔細に見てみますと、武士らしい人が最も多いようです。

名号を称える者はすべて救われる。貴賤高下とか浄不浄だとか、人間がつくった俗世間の決まりごとはもちろん、信ずる信じない、罪の有る無しを超えて六字の名号を称えるものは、名号そのものの力によって全て救われる、という一遍上人の主張は、とくに戦いの場で殺人行為を強いられる武士階級にとっては、非常に分かりやすいというか、受け入れやすかったわけです。いま、一遍に付き随った時衆の入信以前の職業を調べる手段はありませんが、代々の遊行上人の略歴を書いた記録を見ますと、武士層の出身が圧倒的に多いことからも推測が出来ます。もちろん、上人の生涯を記した聖絵のなかには、沢山の武士が登場します。きょうはそのなかから三人の武士と一遍上人との出会いを見ていきたいと思います。

まず聖絵第四巻の冒頭です。

「建治二年、筑前国にてある武士の屋形におはしたりければ、酒宴の最中にて…」

これは上人三十八歳の出来事です。例の熊野権現から示現を受けた二年後のことです。一遍はたった一人、故郷の伊予から九州へ渡り遊行します。このころはとくに供養してくれる人は稀でした。そればかりか、野宿に野宿を重ねるので、衣もぼろぼろだったのでしょう。遊行中に出会った坊さんが見かねて七条の袈裟の破れたのをくれたので、それを腰にまとってひたすら遊行を続けられた、というのです。

「寒夜をあかす」といいますから多分、建治二年の一、二月でしょう。乞食同然の恰好をした一遍が、目ばかりぎょろぎょろさせて、いまの福岡県のとある武士の屋形へ入って行きます。もちろん、念仏のお札を手渡すためです。あるじは客とともに酒盛りの最中でしたが、乱れた衣装をなおし、手を洗い口をすすいで縁から降りて念仏札を受け、何もいうこともないので二人は別れましたが、その後でこの武士は「あの坊主は日本一の気狂い坊主だ。何という偉そうな態度だ」と、去っていった一遍上人をののしったわけです。「それでは、どうして念仏札を受けたんですか。どうして拒否しなかったのですか」と、居合わせた客が冷やかし半分で問いますと「坊主は気狂いでも念仏そのものは狂惑ではありませんからなあ」と答えた、というのです。

後で一遍上人がこの話をきいて「余人は皆人を信じて法を信ずることがないのに、この武士は『法に依りて人に依らず』という釈尊のご遺戒に叶っている。これこそ本当の念仏の信者である。

尊いことではないか」と、何度も何度もほめ讃えたというのが、この話の大筋です。

この話のある武士が誰であるか、聖絵は全く触れていませんし、資料もないのですが、例えば美術評論家栗田勇さんなどは、その著「旅の思索者・一遍上人」のなかで、島津家第三代の島津久経道忍ではないか、と推定しています。久経はそのころ蒙古鎮西として筑前国筥崎に城を築き、自ら兵を率いて守備していました。もともと島津の初代忠久は融通念仏の信仰者だったといわれ、久経の代に一遍上人に帰依して時衆に変わったということが、地元に残る「三国名勝図会」に書かれているのだそうです。

融通念仏といえば「念仏に狂惑なし」と言えるだけの念仏観があったこともうなずけます。しかも聖絵によりますと、一遍はこのあと大隅正八幡宮、いまの鹿児島神宮へ参ったと伝えていますので、状況証拠も島津久経の可能性は高いと考えられます。いずれにしても二人の出会いは必ずしも友好的雰囲気でなかったにもかかわらず、男が男を知る、といった共感のようなものが感じられます。

二人目は聖絵第六巻に出てくる武蔵国のあぢさかの入道です。武蔵国北葛城郡に鯵坂というところがありますので、その出身であろうと思われます。

鯵坂入道は、その土地の地頭か名主クラスの武士でしょう。一遍上人に時衆に入れてほしいと懇願しましたけれど、許されませんでした。理由は分かりませんが、あるいは高齢すぎたからでしょうか。しかし、入道の決心は変わらず、往生の際の心得をくり返しくり返し上人に尋ねた後、駿河国の蒲原でお待ちします、といって一足早く出立するのです。

時衆入りを願ったのは、前後の文章からみて伊豆三島のようです。しかしながら入道は、途中の富士川まで来たとき、突如手綱を腰に巻きつけ、付き随ってきた家来どもに「ついに引接の讃を出せ」といいます。この讃は、十一月の講義でしたか、みなさんに聴いていただいた来迎讃のなかに「ついに引接したまいて金蓮台に乗せたもう」とある、それを指しています。念仏の行者が臨終に当たって、阿弥陀如来、観音菩薩、勢至菩薩の三尊に迎えられて極楽へ往生する様子をうたった恵信僧都作の来迎讃のクライマックスです。

大変むずかしい節ですが、鰺坂入道はその一節を歌えと家来たちに要求したわけですね。果たして家来たちが歌えたのかどうか分かりませんが、とにかく入道は念仏を称えて入水してしまいます。このとき紫雲がたな引いて音楽が西の空から響いたというのですが、これは、入道がめでたく極楽へ往生したことを暗示しています。

一遍上人は元来、自殺を認めていません。それは亡くなる前に「我臨終の後、身をなぐるものあるべし。安心さだまりなば、なにとあらむも相違あるべからずといへども、我執つきずしてはしかるべからざる事なり。うけがたき仏道の人身をむなしくすてむこと、あさましきことなり」と言っています。鯵坂の入道はまだ安心が定まったとはいい難い人ですから、当然、入水はあさましいことになるわけですが、上人の歌には、深い哀切の思いがにじんでいます。念仏を称えて死ねば、三尊のご来迎がいただけるといった上人の言葉を素直に信じ、まるで愚なる者の心に立ち返って死んで行った鯵坂入道は、直情径行という、鎌倉武士のひとつの典型であるように思われます。その意味で、一遍上人の念仏思想が当時の武士にどのように受容されたかを示す象徴的なエピソードです。

最後に丹波の山内入道の話を見ましょう。この話は鯵坂入道と違って、一度すでに触れているので簡単に話します。

山内入道は弘安九年（一二八六）一遍上人が亡くなる三年前の歳末の別時を天王寺で修しているところへ現われます。善光寺へ行こうと思い立って出かけましたけれど、夢の中で「われは一遍房のもとにあるなり」というお告げを聞きました。しかし、妄想かもしれないと思い、なおも旅を続けようとしますと、重ねてお告げがあったので参りました、というのです。決して弓箭・武器の類いは持ちませんという約束で随逐を許されます。

だいたい時衆は、語録２４ページの道具祕釈に「一遍の弟子、まさに十二道具を用ゐるの意を信ずべし」といって、日常生活及び宗教活動に必要なご飯を入れる椀とか箸筒、阿弥衣、袈裟、帷、手巾（手拭）、帯、紙衣、念珠、衣、足駄、頭巾の十二しか持ってはいけないのです。まして武器の類いなどはもっての他、許される筈がありません。山内入道は二度まで嘘をつくのですが、たちまち見破られてしまいます。しかし、こんなことがあってからは、すっかり心を入れ換えて、ついには上人最後の旅に随い、かつて上人が修行をしたゆかりの伊予窪寺の地でめでたく往生をとげたというのです。

この物語は、武士の武器に対する執着心の根深さを示しているのですが、同時に一度それを捨ててしまうと、すっぱり諦めて修行に励むいさぎよさを語っているわけです。いまも窪寺の近くに丹波という地名が残っていて、山内入道の名残りではないかと見られています。

「名号これ一遍なり」

昨年四月から一年間、一遍上人語録を中心に話を進めて参りましたが、ここらで一応締めくくって、四月からは新しくというか再びというか、一遍上人の生涯に焦点を当ててその足跡を追ってみたいと考えています。従ってきょうは一応いままでの総括として、一遍上人の全体像をお話しするつもりです。どうぞおさらいの心積もりでお聴きください。

さて、一遍上人、幼名松寿丸は延応元年（一二三九）に伊予の道後温泉にほど近い、河野水軍の棟梁河野家の屋形で生まれました。祖父は源平合戦で源氏の勝利に貢献し、伊予一国の大半を知行していた河野通信で、父はその次男河野通広でありました。ただし、当時の河野家は、承久の乱で朝廷方に味方して敗れ、通信やその子、つまり松寿丸の伯父に当たる人たちの多くは奥州や信州に流され、領地もほとんどを没収されるという悲運の時代でした。

父通広は早くから出家して如仏と名乗り、承久の乱の際に反鎌倉の動きをしなかったせいか、領地の没収を免れ、少ないけれども所領を持っていたようです。かてて加えて松寿丸は十歳で母を失い、父の命によって十三歳で九州太宰府の浄土宗西山派の学匠聖達上人の許で僧としての修行を始めます。いってみれば、この悲運が松寿丸を後の捨聖一遍に育てる土壌となります。その意味では、専修念仏の祖となった法然、浄土真宗の親鸞と非常によく似た境遇を体験するわけです。ただ、法然、親鸞、道元、日蓮ら他の鎌倉新仏教の祖師たちと決定的に違ったのは、彼が比叡山ではなく、九州で学んだという点です。そのころの比叡山は、いまでいえば東大、京大、阪大など国立有力大学を合わせたほどの宗教的学問的権威を誇り、一方では朝廷と幕府も一目を置かざるを得ないほどの軍事力、経済力を備えていました。いってみれば権威の塊でした。私は、遊行や踊り念仏に象徴される一遍上人の極めて特異な宗教活動に、反アカデミック、アンチ比叡山的な体臭を感じます。実はそれがまた一遍の魅力のひとつになっていると思います。

松寿丸は随縁から智真へと名を変え、十二年間、仏教とくに浄土教について学びます。一遍上人語録巻下に次の法語があります。

「我法門は熊野権現夢想の口伝なり。年来浄土の法門を十二年まで学せしに、すべて意楽をならひうしなはず。しかるを、熊野参籠の時、ご示現にいはく、『心品のさばくり有べからず。此心は、よき時もあしき時も、迷なる故に、出離の要とはならず。南無阿弥陀仏が往生するなり』と云云。我此時より自力の意楽をば捨果たり。(後略)」。

つまり十二年間、浄土の法門を勉強したけれど、ついに「意楽」―意はこころ、楽は願うこころ。あれやこれや思い悩んで、阿弥陀如来のお救いを願い、また極楽往生を願う心を捨てることが出来なかった、というのです。南無阿弥陀仏が往生するのに、それに気付かず「ああすれば往生できるのだろうか、こうすれば往生できるのだろうか、と思い悩んでいた。そういった心はすべて実体のない迷いである、ということが、熊野権現=阿弥陀如来の夢のなかのお言葉でやっと分かった。だから私は、ご示しをいただいて以来、ああでもない、こうでもない、という意楽を捨ててしまったのだ、というのです。

熊野権現の夢想の口伝については、もう少し後で述べますが、要するに、十二年間の学問的追求では、迷いの心を捨てることができなかった、と一遍はいいます。恐らく若い彼は激しく悩んだのでしょう。そしてその悩みはますます深刻になります。弘長三年五月、伊予の父如仏が亡くなったので本国へ帰り、還俗して父の所領を継ぎ、小さいけれども領主として妻を迎え、子どもも生まれて武士の生活に戻ります。智真二十五歳の時のことです。腹違いの弟といわれる聖戒が編集した国宝聖絵には「父如仏帰寂の時、本国に帰り給ひぬ。そののち或は真門をひらきて勤行をいたし、或は俗塵にまじはりて恩愛をかへりみ、童子にたはぶれて輪鼓をまはす遊びなどもし給ひき」と書いています。

実はこの文章を読みながら、ふと思いましたのは、聖戒は如仏が亡くなる二年前に生まれたと推定されています。そうしますと、智真が伊予へ帰ったとき、聖戒は数え年三歳でした。先の童子にたはぶれてコマ回しをしたというのは案外、幼なかった聖戒とたわむれたということで、聖戒は自分自身の幼児体験を思いだしながら書いたのかもしれません。そんなことから、聖戒は腹違いの弟ではなくて、智真の実子だと主張する学者もあります。

いずれにせよ、智真は、弘長三年から文永八年（一二七一）までの約八年間を本国で在俗生活をするのですが、その間に色々な経験をするようです。聖絵はこのことについてはっきり書かず「在家にして精進ならんよりは、山林にしてねぶらんにはしかじ」とか「聖としかとは里にひさしくありては難にあふ」などといった思わせぶりな言葉で説明しています。智真が所領を継いだのを快く思わないものが親類にいて、醜い領地争いが起こったとか、女性問題がこじれたのだ、ともいわれていて、本当のことはよく分かりません。とにかく在俗約八年にして文永八年春、智真は家を捨て、妻子を捨てて信濃の善光寺に詣で、参籠を重ねて善導大師の二河白道の教えを感得し、その後の智真の人生を決定づける転機を迎えるのです。

善光寺から伊予へ帰った智真は、現在の松山市郊外窪野町にあった窪寺にちっぽけな庵を建て、壁に二河白道図を掲げて念仏三昧の生活に入ります。

二河白道というのは、盗賊と猛獣に追われた旅人が、片やまんまんと水をたたえた大河、片やごうごうと燃えさかる火の河、その間を通る細い小さな白い道にさしかかります。絶体絶命、途方に暮れたとき、白い道の向こう岸から「水や火に怖れず、早く渡って来なさい」と阿弥陀如来の声、後ろからは「早くその道を走りなさい」と釈尊の声。いま来た方角からは盗賊と猛獣が大声をあげて迫ってくる。旅人はついに意を決して白道を走り抜け、彼岸である弥陀の国へ到ることが出来るという、善導大師が説かれた譬え話を絵にしたものです。火や水や盗賊や猛獣は、人間の煩悩、欲望を指し、盗賊、猛獣は、六道をさ迷い歩く衆生の姿を象徴しているのです。これらの悪縁をかなぐり捨て、白道という念仏を突き進むことで救われる。白道は*ナムアミダブツの名号である、というのが智真の感得した悟りです。

窪寺で智真は次の頌を作りました。

十劫正覚衆生界
一念往生弥陀国
十一不二証無生
国界平等坐大会

という、いわゆる十一不二頌がそれです。十劫の昔に法蔵菩薩がお悟りを開かれたのは衆生界のためであった。衆生は名号を称える一念で弥陀の国へ往生できる。十劫のお悟りと衆生の称える南無阿弥陀仏の名号はひとつとなって、生死の世界を超越する。だから如来の国と衆生世界は時間、空間を超えて合体し、同じ莚にすわっていることになる。ということは、名号によって衆生は阿弥陀如来とひとつになり、名号が名号を称える、念仏が念仏を申すという、一遍独特の念仏観が生まれるわけです。

聖戒は、聖絵巻一の巻末でこのように述べています。「この頌のおもむき、義理をつくして、よりより示誨をこうぶりき、さて此の別行結願の後は長く境界を厭離し、すみやかに万事を放下して身命を法界につくし、衆生を利益せんと思ひたち給ふ」。

　こうして生涯をかけて念仏を勧進しようという捨聖智真が誕生します。窪寺の二年間で決意は不動のものとなるのですが、智真はなお窪寺から山を越えた修験の聖地菅生の岩屋にこもり、十一不二頌で感得した衆生利益をどのように具体化するか、かつは練り、かつは祈ったのではないでしょうか。自らのために修業してきた智真は、これから後、衆生を利益する利他行に入るのです。

　文永十一年（一二七四）三十六歳の二月に、智真は妻超一、娘超二、そして恐らくは二人の世話役と考えられる念仏房を連れて伊予の国を旅立ちます。念仏勧進遊行の旅のスタートです。どうして妻と娘が同行したのか、いまとなっては謎というほかありません。恐らくは妻と娘の懇願を断ち切れなかったのでしょうか。十一不二頌を感得し、窪寺や菅生の岩屋で全身全霊をあげて思索を練り、修行したはずの智真ですが、なおも妻子への思いは捨て切れなかったのかも知れません。

　一行はまず四天王寺へ詣で、極楽の東門と信じられていた西門で初めて念仏札を配る賦算をします。聖徳太子創建の四天王寺を遊行念仏勧進のスタート地点に選んだ点に注目したいと思います。それから高野山に詣で、いよいよ熊野権現に向かいます。文永十一年も夏になっていました。

熊野の中辺路を通って、いよいよ熊野本宮を真近にした山中で一人の坊さんに出会います。例によって念仏札を渡そうとすると、その僧は「自分は念仏信心の心が起きないから」といって札を受け取ることを拒否します。受ければ妄語戒を破ることになる、というのが拒否の理由です。念仏を信じていない人にまで念仏札を配るべきかどうか。智真自身は念仏に疑いをはさんだことはないのですが、世の中には法華経の信者もいるし、鎌倉時代に盛んとなった真言律宗の信者もいる。信じてもいない人が念仏して、果たして救われるか、という問題もあります。

因みに念仏を「無間地獄に落ちる」といって激しく攻撃した日蓮は、この文永十一年五月、幕府に許されて甲州身延山に久遠寺を建立しているのです。智真にとっては、自らの思想を根底から揺さぶられる大問題。解決できなければ、一大決心をして始めたばかりの念仏勧進の旅を中止せねばなりません。聖絵はこのところを「この事思惟するに故なきにあらず　勧進のおもむき冥慮をあふぐべしと思ひ給ひて本宮証誠殿の御前にして願意を祈請し目をとぢていまだまどろまざるに」山伏の姿をした白髪の老人が証誠殿の扉を押し開いて出てこられて「融通念仏すゝむる聖、いかに念仏をばあしくすゝめらるゝぞ。御房のすゝめによりて一切衆生はじめて往生すべきにあらず。阿弥陀仏の十劫正覚に一切衆生の往生は南無阿弥陀仏と決定するところ也。信不信をえらばず、浄不浄をきらはずその札をくばるべし」と訓すのです。

この言葉の最も重要な点は「御房のすゝめによりて一切衆生はじめて往生すべきにあらず」というところでしょう。先に述べました通り、智真は自らが感得した十一不二頌に従って人々に念仏を勧めようと思い立つのですが、心の底のどこかで「おれが救ってやろう」「おれが導いてやろう」と、自分を一段と高いところに置き、衆生を見くだしていたのではないでしょうか。権現は「お前さんが衆生を往生させてやるのではないよ。衆生の往生は十劫という遠い遠い昔にたった一度南無阿弥陀仏と称えることだとすでに決まっているのだよ。あんたはそれを伝えるだけだよ」と教えてくれたのです。

この日から智真は自ら一遍と名乗ります。そして、この喜びを次のような頌に表現します。

六字名号一遍法
十界依正一遍体
万行離念一遍証
人中上々妙好華

それぞれの頭の字をとって、六十万人頌といわれていますが、この頌に出てくる一遍という言葉は、南無阿弥陀仏の名号は宇宙のなかの唯一絶対の真理である。それは一遍上人の好きな言葉で、いい換えれば独一にして普遍、すべてに遍きものの意であり、一遍はまた、たった一遍の念仏という意味をも含みます。

皆さんのなかには一遍上人の弟子たちがすべて阿弥陀仏号を持っているのに、肝心要の一遍上人にどうして阿弥陀仏号がないのか、不思議に感じていられる方があるのではないでしょうか。宗門では、一遍上人の一番弟子で遊行第二祖となった他阿弥陀仏真教上人が初めて九州で弟子入りしたとき、自他ともに阿弥陀仏なり、ということで一遍上人は自阿弥陀仏、真教さんは他阿弥陀仏と名乗ることにした、と口伝されています。他阿弥陀仏は以来、代々の遊行上人にのみ許される阿弥陀仏号ですが、一遍上人が自阿弥陀仏と名乗った記録はどこにもないのです。まさか、自分だけは特別だなどと考えられていたわけではないでしょう。正直いって私も長い間悩んできた一人ですが、最近になって、一遍＝名号、つまり一遍という名前そのものが南無阿弥陀仏であり、自阿弥陀仏と書かなくとも自阿弥陀仏のことなのだ、と考えるようになりました。

やはり語録の「山門横川の真縁上人へつかはさるゝ御返事」のなかに「唯南無阿弥陀仏の六字の外に、わが身心なく、一切衆生にあまねくして、名号これ一遍なり」という文言があります。これは南無阿弥陀仏の六字のほかに自分の体や心があるわけではなく、その功徳は一切衆生にすべて平等に及ぶわけですから、名号を唯一かつ普遍的なもの、つまり一遍とするのですよ、と解釈できます。繰り返しますが「名号これ一遍なり」はたった一遍の念仏で往生が決定することを指すと同時に、名号＝一遍を宗門外部の人たちに宣言したものと考えるわけです。

この問題は従来ほとんど取り上げられなかったのですが、私なりに見解をまとめてみました。以上が一遍上人の悟りの内容であり、経緯です。ほかに踊り念仏の問題がありますが、時間がなくなったようですから、本日は割愛します。

現代に生きる踊り念仏

私は戦後間もなくのころ、先々代の後藤恵海僧正がお元気だった時に、何回か当山（最明寺）にお伺いしました。先代の石倉さんも同じ龍谷大学で、彼は私よりも二年若かったはずです。いつでしたか、石倉さんに、そのころ最明寺のお檀家でお葬式ができ、後藤さんが何かの都合でどうしても出席できないため、石倉さんと私たち若い者でお葬式を勤めさせていただいたことがある、というのです。私は申し訳ないことですが、すっかり忘れておりまして、そういわれれば、朧気ながらに思い出した体たらくです。それにしても、青二才がどんなお葬式を勤めさせていただいたものやら。思えば冷や汗が出ます。

上人の腹違いの弟聖戒さんが制作した絵巻の国宝「一遍聖絵」の踊り念仏の場面を見ますと、

武士の屋形の前庭で時衆七人と武士らしい一人の計八人が裾を翻して踊っています。一遍上人は、といえば、屋形の縁側に出て、なにやら食器のようなものを左手に持ち、右手の棒のような物で叩いています。踊っている人たちを半円型に十数人の僧俗が囲んでいますが、その向こうに塚とおぼしい一画が見えます。一遍の父の弟河野通末は、先に述べました承久の乱に、父通信とともに後鳥羽上皇に味方して乱の後、信州佐久へ流されていますので、これがその通末の墓ではないかと考えられるわけです。

聖絵の詞書には一切触れられていませんが、踊り念仏は、戦いに敗れ、遠く信州へ流されて死んだ叔父通末の霊の鎮魂のために行われたもの、と思われます。一遍上人が手近なあり合わせの物で拍子を取っているところからみますと、どうやら、最初から計画されていたものではなく、大勢で念仏を称えているうちに、誰ともなく自然発生的に踊り出してしまった、という感じですね。

このあと、ある武士の屋形があったという小田切の里から四キロばかり北にある伴野の大井太郎という武士の家でも踊り念仏が行われ、数百人が踊ったため、床板を踏み破ってしまったというのです。数百人という人数からみて、この地方には善光寺聖たちが、それ以前から踊り念仏を伝えていたのではないかという説もあります。聖絵は空也上人の踊り念仏のことが書かれているところをみますと、一遍上人自身は空也の踊り念仏のことはよく知っておられたようです。

ここで「をどらばをどれ」という文化映画を皆さんに見て頂きます。この映画は、横浜市戸塚の時宗親縁寺住職だった佐藤哲善さん夫妻が企画し、踊り念仏映画制作委員会とプロダクションバンブーが制作したものです。先ほど数百人が踊り回って床板を踏み抜いたといいましたね。あの大井太郎の屋形跡から、さらに北へ四キロばかり行ったところに佐久市跡部という村があります。その跡部の浄土宗西方寺に残る国の重要無形文化財の踊り念仏を五十分の文化映画として記録したものです。

跡部の踊り念仏は、大谷大学名誉教授だった五来重先生の研究によりますと、一遍上人が始められた踊り念仏とは系統が違うといわれます。しかし、一遍上人の踊り念仏の雰囲気というか、踊り念仏の原点のようなものをよく伝えていると思われるのです。跡部の村人たちが、年に一度、何もかも忘れて踊りに夢中になる姿を見てほしいと思います。そうすれば一遍上人がなぜ踊り出したかも分かってくるようです。なおこの映画は佐藤さんの未亡人妙子さんのご好意で、私が頒けていただいたものです。

（上映）

見られた通り、踊り手たちは発心門などと書かれた門をぐって踊りの場へ入ります。それは、この世からあの世へ渡ることを意味していますが、一遍上人の踊り念仏では、絵巻物を見る限りそのような舞台装置は使っていません。恐らくは跡部の場合は、長い年月の間にこのような舞台装置を作り出したのではないでしょうか。

跡部の踊りについて、村人たちは一遍上人の直系であり、初めて踊られたのが跡部だと信じ込んでいるようですが、皆さんも感じられた通り、時宗に伝えられている踊躍念仏とはかなり異っています。もっとも、時宗の踊躍念仏は、いつのころからか非常に静かなものになり、飛んだりはねたりをしません。四月十四日に西蓮寺さんで一遍上人のご廟のある兵庫真光寺のお檀家の方々が踊られますので、いまご覧になった映像と比べていただくと、よくお分かりになります。ただ、聖絵を見る限りでは、最初の踊りは庭で行われ、その次は大井太郎の屋形の中になり、床板が落ちるほど飛びはねたと考えられます。

次に出てくる踊りは三年後の弘安五年、鎌倉入りを拒まれ、片瀬の浜でのものです。このときは屋根のついた地上四十~五十センチばかりの桟敷の上で、時衆の僧尼が胸に鉦鼓をかけて右回りに回り、一遍上人の踊る姿も見えます。三年の間に踊り方にひとつのルールができたようです。ただし踊り方は跡部のように、いやそれ以上に足を上げて飛んだりはねたりの感じがよく出ています。聖絵によりますと、鎌倉中の貴賤道俗が雲のごとく集まった、とありますから、一遍上人と踊り念仏の名前は一躍、知られるようになったらしいのです。一遍上人が、なぜ踊り念仏を布教活動に採用されたのかの答えは、実はここにありそうです。

一遍上人は、念仏勧進を使命とされていました。鎌倉へ入ろうとして執権北条時宗の一行と出会い、警固の武士に鎌倉から外へ出ろと杖で打たれたとき「念仏勧進を我いのちとす。しかるをかくのごとくいましめられれば、いづれのところへかゆくべき。こゝにて臨終すべし」といわれ、やがて片瀬の浜へ移ることになります。

「念仏勧進を我いのちとす」とは何と厳しい言葉でしょうか。しかも当時の日本の最高権力者北条時宗を相手に、堂々と言い放ったのです。その話が伝わって、鎌倉中の人たちが驚いたのも無理はありません。

話が横道にそれましたが、一遍上人は、一人でも多くの人に念仏札を配って結縁したいと念願しておられました。踊り念仏をすると、一度に沢山の人たちが集まり、その人たちも、桟敷で踊る上人や時衆の僧尼と声を合わせて念仏します。一人ではなかなか念仏できない人も、大勢の人と口を揃えれば、称えやすいのです。踊ったあと念仏札を配れば、一度に多くの人たちに結縁ができる。これほど理想的な布教法はないわけです。

やがて一遍上人の一行は鎌倉から東海道を京へ向かって歩みを進めます。鎌倉での出来事は口コミでいち早く京へ伝えられたようですが、ここで大きな壁となったのが比叡山です。聖絵には「江州守山のほとり琰魔堂といふ所におはしましける時、延暦寺東塔桜本の兵部竪者重豪と申す人、聖の躰を見むとて参りたりけるが、お《ママ》どりて念仏申さるゝ事けしからずと申しければ、聖『はねばはねよ　をどらばをどれ　はるこまの　のりのみちをば　しる人ぞしる』重豪『心ごま　のりしづめたるものならば　さのみはかくや　をどりはぬべき』聖又返事『ともはねよ　かくてもをどれ　こゝろごま　弥陀のみのりと　きくぞうれしき』その後、この人は発心して念仏の行者となり、摂津国小野寺といふところにすましけるとぞきこえ侍りし」とあります。

　どうやら一遍上人の話を聞いて、叡山では手ぐすねひいて待ち構えていたようです。実は、聖絵より八年ばかり後で出来た平宗俊編の遊行上人縁起絵では、この場所を大津の関寺とし、名前も叡山桜本兵部阿闍梨宴聡になっています。いずれにせよ、この事件がいつごろであったのか、ともに書いていませんが、一行が京へ入り四条京極の釈迦堂で念仏されたのが弘安七年四月十六日だったというのですから、守山での出来事は弘安七年二、三月ごろでしょうか。鎌倉を出てから二年近くかかっています。

　そして四条京極釈迦堂や市屋の道場などで踊り念仏とご賦算、念仏札配りをしたところ「貴賤上下群をなして、人はかへり見る事あたはず、車はめぐらすことをえざりき」と、群衆が押し寄せたことを記しています。聖絵には、余りに多くの人が押しかけたので、門弟に肩車して賦算をされている姿が描かれています。

弘安七年といえば、九州へ中国の元軍と朝鮮の高麗軍が大船団を組んで押し寄せてきた二回目の元寇から三年後です。幸い台風が吹いて船団は潰滅しましたけれど、日本の側にも多くの犠牲者は出ていますし、三度目の襲来があったら、今度こそどうなるか分からないという不安が国中に満ち満ちていました。

念仏は確かな魂の救済を約束していますし、踊り念仏は、みなが声を合わせて念仏し、飛んだりはねたりすることで法悦の境を味わうことが出来ます。少し刹那主義的になりますけれども、少なくとも踊り念仏の間は不安感を忘れることが出来るわけです。先ほども申しました通り、人は一人ではなかなかナムアミダブツと口に出すことができません。しかし、大勢の人といっしょでも、一度大きな声で称えることができれば、それがきっかけになって称えられるようになり、自分のお念仏が他の人たちに融通し、他の人たちのお念仏が自分のためにもなるという融通念仏の思想を実感できるのです。

最後に、跡部の踊り念仏の映画のなかで、チャン　チャン　チャチャチャムコというリズムの話が出ていましたね。いま私たちが耳にしている日本民謡のうち、例えば山形県の花笠音頭の囃しは同じリズムなのです。よく考えてみますと、阿波踊りもそうですし、宗門の踊り念仏でうたう一遍上人の別願和讃はまさにそれです。踊り念仏は、いまなお私たちの生活に深く関わっているのです。ご静聴ありがとうございました。最後に皆さんとご一緒に大声でお念仏を十回称えましょう。

「大地の念仏」

唐突な話で恐縮ですが、私はここで是非とも大地の念仏について皆さんにお話せねばなりません。

大地の念仏という言葉は「一遍上人語録」の岩波文庫・大橋俊雄先生校注本の130ページ第九十七にたった一ヵ所出てきます。

「又云、大地の念仏といふ事は、名号は法界酬因の功徳なれば、法を離れて行べき方なし。これを『法界身の弥陀』ともとき、是を、『十方諸仏の国は、尽くこれ法王の家』とも釈するなり」と四行にわたって書かれているわけです。この書かれ方の印象から言いますと、おそらく一遍上人は、常々大地の念仏ということについてお話になっていたのではないかと私は思います。しかし、一遍上人語録は、後々に門弟たちが集まって私はこのように聞いた、一遍上人から私はこのように聞いたというように、自分の記憶しているものを出し合って、それを江戸時代に編集したものですから、必ずしも一遍上人がお話になったすべてを網羅しているわけではありません。ですから一遍上人語録のなかでたった一ヵ所しか出てこないから、一遍上人がそんなに重要視されていなかったのだ、とは必ずしも言えないのです。

ただ私は一遍上人語録を繰り返し読むうちに、この大地の念仏という言葉に非常に惹かれました。そしていろいろと私なりに考えてみたわけですけれども、この大地の念仏という言葉は非常に重要な意味をもっているのではないか、と段々考えるようになりました。と申しますのは、私たちのこの生きている世界、私たちの目に映る、あるいは耳に聞こえる、あるいは触れることのできるこの世界というのは、いずれも母なる大地、豊かな大地から生まれてきたものであります。そして私たちのこの世の世界だけではなくてこの世の中を動かしているもっと大きなもの、大宇宙の法則とでもいうべきものが南無阿弥陀仏によって動かされている、それこそが南無阿弥陀仏の世界なんだ、ということをたぶんおっしゃりたかったのではないかと思うのです。ですから、「十方諸仏の国は、尽くこれ法王の家」というのは、この我々の住んでる世界だけではなくて、十方の仏さんの住んでいるあらゆる国々が、阿弥陀如来の住んでおられるお浄土である。言い換えれば南無阿弥陀仏の世界である、とおっしゃりたかったと思います。

講座でも申し上げましたけれども、興願僧都という方に送られたお手紙の中に次のような言葉があります。

「念仏の行者は智恵をも愚痴をも捨、善悪の境界をもすて、貴賤高下の道理をもすて、地獄をおそるゝ心をもすて、極楽を願ふ心をもすて、又諸宗の悟をもすて、一切の事をすてゝ申念仏こそ、弥陀超世の本願に尤かなひ候へ。かやうに打あげ打あげとなふれば、仏もなく我もなく、まして此内に兎角の道理もなし。善悪の境界、皆浄土なり。外に求べからず、厭べからず。よろづ生としいけるもの、山河草木、ふく風たつ浪の音までも、念仏ならずといふことなし。人ばかり超世の願に預にあらず」（語録34〜35ページ）と言いきられたところに一遍上人の真面目があると私はかねがね感じております。この言葉こそ、まさに大地の念仏を指しておられるのです。

念仏の世界は私たちの母なる大地、豊かなる大地であります。そして母なる大地、つまり南無阿弥陀仏の世界は私たちの魂のふるさとでもあります。私たちの魂はどこから来たのか自分自身にはよくわかりません。物心ついてみると、もう既に生まれていたわけです。しかし、魂のふるさとというのは、実はこの南無阿弥陀仏の世界であります。私たちはその南無阿弥陀仏から生まれさせていただいたのです。そして、私たちはやがて死なねばなりませんが、その魂が帰っていくのもまた南無阿弥陀仏の世界なんです。南無阿弥陀仏の世界を知った人は、この豊かな母なる大地にしっかり根を張って生きなければなりません。

ここで注意しておきたいのは、多くの浄土教の祖師たちは、阿弥陀仏の世界、つまり極楽とか浄土とか呼ばれる世界を問題にされるわけですけれども、一遍上人は、阿弥陀様だけではなくて、南無と称える衆生、私たち衆生と阿弥陀仏がひとつになって、そして南無阿弥陀仏の世界が成り立っているということです。私たち衆生が南無阿弥陀仏と称えたその瞬間に、時間と空間とを超えて衆生と阿弥陀如来とがひとつになるということなんです。

同じお手紙の中に、西園寺殿の御妹の准后にかかれたご返事というのがあります。その中で一遍上人は、「南無阿弥陀仏と一度正直に帰命せし一念の後は、我も我にあらず。故に心も阿弥陀仏の御心、身の振舞も阿弥陀仏の御振舞、ことばもあみだ仏の御言なれば、生たる命も阿弥陀仏の御命なり」（語録２９ページ）と述べておられて、一度南無阿弥陀仏と称えれば阿弥陀様と衆生はひとつになるということを強調しておられます。

南無阿弥陀仏は私たちの魂のふるさとですから、私たちはそのふるさとの名前をあたかも子供の時分に「お父ちゃーん、お母ちゃーん」と呼んだように、南無阿弥陀仏と称えるべきだと私は思います。南無阿弥陀仏と称えることが何となく恥ずかしかったり、照れ臭かったりと言う人は多いわけですけれども、そういったものを捨てて、魂のふるさとである南無阿弥陀仏をどうぞ称えていただきたいと思います。

しんみん五訓

クヨクヨするな
フラフラするな
グラグラするな
ボヤボヤするな
ペコペコするな

作　坂村真民

第5回全国朴の会で坂村真民さんと（平成7年5月21日、上浮穴産業文化会館ホールで）

一遍上人と熊野古道

僧との出会いは蛇越谷《じゃこしだに》だった

ただいまご紹介をいただいた望月です。先代ご院代、望月華山《けざん》の長男で、真光寺が平屋バラックだった焼け跡時代に、しばらく父の手伝いをしてお檀家回りをさせていただきましたので、お見知りおき下さった方もおられると思いますが、今回、図らずもご総代から「なにか一遍上人についてを話をせよ」とのお話がありました。何分にも長い間、朝日新聞で働き、一遍上人の勉強をおろそかにしておりましたので、果たして皆様に納得していただけるような話ができるか、心許ないことでありますが、新聞記者をしていた間にも、目に触れた時衆関係の本には目を通す程度のことはしておりましたし、むしろ自らの勉強のためにとムシのよいことを考えましてお引き受けしました。

大学では日本史を専攻し、卒業論文も「一遍上人と武士層との交流」について書きました。昭和二十五、二十六年の当時は、一遍上人や時衆についての本はほとんどなく、仕方なしに太平記に出てくる時衆関係の資料を引っ張り出して、これと一遍上人の思想や行状を関係づけるという、いまにして思えば随分乱暴な作業をやりました。とにかく、時衆についての参考にすべき研究書がほとんどなかったのです。

今回、朝日カルチャーセンターを退職するに当たり、一遍上人の話を講座として開いてほしい、との要請が、後任の京都館長からあり、迷った末に引き受けましたのですが、改めて勉強してみて、一遍上人および時衆についての著作、研究書、論文などが、山のように出版されていることに驚きました。一遍上人研究はいまやブームといって決して間違いではありません。

かねてから作家の瀬戸内寂聴さんが、一遍上人ファンで、例の出家問題のときも、でき得れば時宗の尼さんになりたかったと、これは私が直接ご本人の口から聞いた話なので間違いありません。昨年は縁もゆかりもないと思っていた長部日出雄さんが「風の誕生」という、一遍聖絵を映画化しようとする映画助監督の話をテーマにした小説が出版される有様です。

とにかく、これからも、捨てよ捨てよ、すべてを捨てよ、すべてを捨てて念仏せよ、と叫んで生涯を遊行の旅に捧げた一遍上人は、多くの人たち、日本人だけでなく、外国の人たちの心をも引きつけるでしょう。

きょう「熊野古道と一遍上人」とテーマをつけましたのは、一遍上人が熊野の小雲取越の古道、萬歳峰に名号碑を建てられ、江戸時代の末期以降、行方不明になっていたものを、昭和三十九年秋に父が発見し、いまは和歌山県の文化財として大事に保存されている、その発見の旅に同行し、山刀で杣道を切り拓きながら辿りついた、そんな裏話をまじえてお話したいと思っています。

宗祖一遍上人が、熊野本宮の証誠殿で熊野権現の示現をいただきお悟りを開かれた話は、皆さんよくご存知のことと思います。このことは、一遍上人が兵庫の観音堂で亡くなって十年後の正安元年（一二九九）に完成した「一遍聖絵」のなかで、実弟と考えられている聖戒上人がはっきり書かれていますし、聖絵から七、八年遅れてでき上がったとされている二祖真教上人の弟子平宗俊編の「遊行上人縁起絵」つまり通称絵詞伝にも記されています。ここ真光寺には絵詞伝の模本十巻が伝えられていて、国の重要文化財に指定されていることも、ご存知のことでしょう。

この熊野成道の話は、播州法語集という本のなかに「我法門は熊野の御夢想の口伝なり。年来浄土の法門を十一年まで学せしに、惣じて意楽を習ひ失はず。然るを熊野参籠のとき、御示現に云、『心品のさばくりあるべからず。此心はよき時もあしき時も、まよひなるゆゑに、出離の要とはならず。南無阿弥陀仏が往生する也』と云云。われ此時より自力の意楽をばすてたり」と残されています。

播州法語集は、一遍上人が播州の弘嶺八幡で時衆たちのために説いた法語をまとめたものといわれています。一遍上人はこのほか、自らの口から熊野権現のご示現により、他力念仏の神髄を領解することが出来た、と語っておられます。

一遍上人が生涯になんど熊野を訪れられたのかよく分かりませんが、記録として残されているところによりますと、第二祖の他阿真教上人が、嘉元四年（一三〇六）に本宮に奉納された「一遍上人縁起絵」のいわゆる「奉納縁起記」のなかで、師の一遍上人が建治のころ、一切衆生を引導して浄土に往生せしめんとの発願を起こして、まず宇佐八幡宮に参籠し霊夢を感じた。次に石清水八幡に詣でたあと、熊野本宮に一百箇日祈念したところ「善悪をいはず、信謗を糺さず、ただ南無阿弥陀仏を勧めてその札を勧むべし」とのお告げがあった、と書いた後「其の後、また夢想の告ありて当山に参詣し給ひて参籠し給ふこと三七日。終わりて後、萬歳之峰において石の卒都婆を立つ。之を吉祥塔と名づく。聖親しく名号を書し、自らの手でその文字を彫る」とあります。つまり文献に見る限りでは、一遍上人が熊野へ参られたのはこの二回ということになります。

きょう、この席で「一遍上人と熊野古道」のお話をさせていただくについては、私がこの二つの出来事に、不思議なご縁で、いささか関わらせていただいたからであります。これから時間の許すまで、そのお話をいたします。

さて、一遍上人が熊野でお悟りを開かれたのは、国宝「一遍聖絵」では文永十一年（一二七四）夏といい、「遊行上人縁起絵」いわゆる絵詞伝などでは二年後の一二七六年、建治二年の夏、あるいは建治元年としています。先ほどの奉納縁起記でも建治のころと建治説です。これはしかし一遍上人の弟、あるいは実子ともいわれる聖絵の編者聖戒上人が、聖絵の詞書に「同年六月十三日新宮より、たよりにつけて消息を給ふ事ありしに」と、わざわざ六月十三日という具体的な日付まで書いておられるので、聖絵の文永十一年夏説の方が正しいと思われます。

このとき、一遍上人はそれまで伴っていた超一、超二、念仏房の三女性を「いまは思ふやうありて同行等をもはなちすてつ」として、賦算用の形木とともに聖戒の許に送り届けられたということなので、聖戒にとっては、一層忘れがたい手紙だったのでしょう。別の角度からみますと、他阿真教上人が一遍上人と出会ったのは建治三年のことです。文永十一年にはまだお互いに出会っていません。従って建治三年以前の出来事はすべて伝聞に基くもので、正確さを欠くのはやむを得ないのかもしれません。

一遍上人は、聖絵によりますと、文永十一年二月八日、妻であろうといわれている超一房、娘であろうという、まだいたいけない少女の超二房、恐らく下女と思われる念仏房の三人を連れて故郷伊予の国を出発し、まず浪速の四天王寺へ参り、初めて「南無阿弥陀仏六十万人決定往生」の念仏札を配り、人々に念仏を勧めます。これがご賦算の初めです。

一行は四天王寺から高野山を経て会う人ごとに念仏札を配り、念仏を称えるよう勧めながら熊野路の中辺路へさしかかったとき、ある出来事が起こります。山中でひとりの坊さんに出会い、例によってお札を手渡そうとすると「いま一念の信心をこり侍らず。うけば妄語なるべし」といって念仏札を拒否されます。

絵詞伝には、この僧は「律宗の坊さん」と書いていますが、一遍はこの僧が札を受けてくれないと、後から後から山を降りてくる熊野詣で帰りの人たちも札を受けないと思い「信心おこらずとも受け給へ」と、とにかく無理やり押しつけます。それを見て、他の人たちもみんなお札を受けたというのです。

聖絵では巻三にこの場面が描かれています。険しい山道の右の方から一遍上人を先頭に、その後ろに三人の尼僧が横に並んで立っています。四人は坂道を上がって行こうとしているのに対し、坂の上から一人の僧と二人の女性が降りて来ます。その後ろには、従者らしい男女がやはり三人つき従っています。画面には、いましも坂の上から曲がりくねった山道を降りてくる山伏風の白装束をした、子どもを交えた一団が見えます。すでに本宮の参拝を終え帰る人たちのようです。

当時は熊野詣でには、男はこんな服装だったようです。画面をよく見ますと、その白装束の人たちが、いましも急なカーブを曲がろうとしている足元は、土の道ではなくて木をさし渡して作った桟道《かけじ》になっています。険しい崖の中腹の岩に木を橋脚のように何本も立て、その上に材木をさし渡して、ちょうど船着場の桟橋を渡るような形で人々が往来しているわけです。

戦時中のことでしたが、私、京都の貴船の山奥へハイキングに行って木馬道に行き遇ったことがあります。切り出した材木を運び出すのに作った木の道ですが、ちょうどあれに似ています。違っているのは木馬道は木が横に、つまり鉄道の枕木のように打ちつけられているのに対し、熊野の桟道は縦に並らべられていることです。貴船のときは、歩いているうちに靴の中がひどく痛かゆいので調べてみましたら、ゲートルをしっかり巻いていたはずなのに、山蛭が三、四匹、血を吸って真赤にふくれていました。一遍上人の時代は、熊野にも山蛭がいたことでしょう。

話を戻します。一遍上人と向かい合う坊さんの頭の上に「権現」と書き込まれているのは、熊野権現が僧となって現われて「信心のない人にまで札を配ってよいのか」という難問題を一遍に突きつけた、と当時は受け取られていたからでしょう。その夜、一遍上人は本宮の証誠殿に籠り、この問題をどう解決すべきか祈ります。一遍上人という人は、いい加減なところでは決して妥協しない人です。もし、この問題が克服できなかったら、恐らく始めたばかりの遊行を中止して伊予へ帰られたでしょう。ことは一遍の信仰の根幹に関わっているわけです。そして有名な「融通念仏すゝむる聖、いかに念仏をばあしくすゝめらるゝぞ。御房のすゝめによりて一切衆生はじめて往生すべきにあらず。阿弥陀仏の十劫正覚に一切衆生の往生は南無阿弥陀仏と決定するところ也。信不信をえらばず、浄不浄をきらはず、その札をくばるべし」というお示しを得て、ここに不退転の悟りを開かれるわけです。

ところで、この熊野成道の直接のきっかけになったのが、先の僧との出会いの場面です。かねて、私は熊野の道がいかに険しいとはいえ、あの木の桟道を作らなければ通れないほどの難所は、そう滅多にあるものではないと思います。聖絵は一遍上人の亡くなった後、聖戒上人が絵師たちを連れて、師の遊行された跡を巡り、その描写は極めて忠実かつ正確だとされていますので、そうだとすれば、いまも熊野古道のなかに、地形として残っているのではないか。その場所が特定できるのではないか、と考えていました。

当時、私は朝日カルチャーセンター大阪の講座第一部長をしていましたが、たまたま、熊野古道研究では日本の第一人者である神戸大学教授戸田芳実先生が講師として大阪の講座へ来て下さっていましたのでお尋ねしたわけです。すると先生は「一ヵ所、それらしい所があるんだよ」とおっしゃるではありませんか。私はうれしくて胸がどきどきしました。一度その場所へ連れて行ってください。「機会を見て行きましょう」とおっしゃっているうちに、先生は大学の仕事が忙しくなり、私は京都教室へ転勤してチャンスを失ってしまいました。しかも無情なことに、戸田先生は三年前の夏、がんのために急逝されました。亡くなる二ヵ月ばかり前に、病院へ見舞いに行き、お元気そうに見えたので「退院されたら、熊野古道の講座を京都教室でやって下さい。そして聖絵のあの場所へ連れて行って下さい」とお願いしましたらうなずいておられましたのに、返す返すも残念でした。

ところが、一遍上人のご加護というべきでしょうか、先生は入院の直前に、そのことを論文に書き残してくださっていたのです。そして一昨年と昨年に二冊の本が相次いで出版されました。一冊は京都の人文書院が九十二年六月に出した「歴史と古道」、もう一冊は九十三年八月、東京の有斐閣から出版された「中世の生活空間」です。前者は戸田先生著、後者は戸田先生編となっています。

実は昨年十月三十日に、先生が書かれている道を辿って現地へ行ってきました。この日は父の命日ですが、供養をかねて、弟克三、妹の坂口真由美、真光寺寺庭の渡部悌子、合わせて兄弟四人の顔ぶれで、前夜は中辺路町の役場近くの宿屋へ泊まりました。予め中辺路の町教委へ問い合わせの手紙を出しておいたところ、町文化財審議委員長で古老の愛洲武夫さんから懇切な返事を頂き、案内するので役場へ寄ってくれ、といって下さいました。あいにく前夜は大雨。あすはだめかと覚悟していましたら、朝八時ごろ、少し小降りになりましたのでスタートしました。

町から教育長さんと教育次長さん、それに観光課から主査の方まで案内に立ってくださいました。その場所というのは、国の補助で復原された国史跡熊野古道のなかの最大の難所、通称「蛇越谷」と呼ばれるところです。熊野古道は、中辺路町の滝尻王子から厳しい山道になります。この滝尻王子は熊野のお山の玄関口と考えられていた王子で、ここからいよいよ熊野権現の領内に入ります。

不寝《ねず》王子、高原熊野神社を経て大門王子、十丈王子と、古道はだんだん急な山道です。道の両側は杉や桧の造林で、ところどころに昔のままの照葉樹林帯が残っています。この日は前夜からの雨で道は歩きにくく、薄暗くて一人歩きはとても無理だと思いました。山の中というのに、赤い鋏のサワガニがしきりに歩き回るのです。私はヒキガエルを見かけましたが、泉鏡花の小説「高野聖」そっくりで、不気味でした。

十丈王子を越えますと、胸突きの急坂十丈坂があり、古道のなかの最高峰・悪四郎山の頂上七百八十二メートルのすぐ下まで一気に登り詰めます。この悪四郎山の頂上からちょっと下がったあたりを山の稜線と平行するようにして、古道は小さなアップダウンを繰り返します。登り下りだけでなく、道は山肌をなめるように激しく曲がりくねります。蛇越谷とはうまく付けた名前だと思いました。道幅は広いところで一メートル五十センチばかり、狭いところは、人ひとりがようやく通れる程度です。しかも右手は崖、左手は深い谷になっていて、天気がよければ、はるか眼下に富田川の流れが見え、正面には紀伊半島の山々が眺められるとのことでしたが、この日はガスが出て眺めはさっぱりでした。頂上直下を少し進んだところに、聖絵の場面によく似た地形がありました。

文永十一年から数えて七百十九年が経っていますので、まったく同じ地形というわけにはいきません。とくにこの辺りは地盤がもろくて、一時期、人が通れなくなり、旧道の十メートルばかり上に新しい道をつけて通っていた、と教育次長さんは教えてくれました。国の補助で熊野古道を復原する際に、路肩へ石を積んで崩壊を防いだり、土留めや水落しなどの工事を必要としたといいます。

旧道は復原工事によって再び通れるようになったわけですが、土木工事が現代ほど発達していなかった当時では、石積み用の石を運び上げる技術はないので、現場の木を切り倒して、桟道を作るほか手段はなかったのでしょう。蛇越谷は熊野古道中もっとも険しい難所で、そのとき聞きました話では〝坊主ころがし〟とも地元では呼んでいるそうです。

熊野古道研究の専門家である戸田先生は「全線踏査の結果として、聖絵に描かれた場所は、この辺りより他にはない」という結論を出されたのです。

萬歳峰《ばんぜいほう》の名号碑に感動

みなさんは今月二十六日に熊野萬歳峰の一遍上人名号碑と熊野古道を巡礼されると聞きました。そこで、本日はこの名号碑の由来と、発見にまつわるお話をさせていただきます。

さて一遍上人および時衆の研究は、ここ数年めざましい進展をとげています。かつて一遍上人といいますと、踊る宗教の教祖のように捉えて、他の鎌倉新仏教の開祖たち、法然や親鸞、道元、日蓮といった人たちよりも一段低く見るといった風潮が確かにありました。父でもありましたご院代は、そんな風潮の真ただ中の昭和四十五年に角川書店から「時衆年表」という本を出しました。戦時中、藤沢の本山で宗学林の学頭をしていたころ、本山のお文庫のなかに埃にまみれて積み上げられている江戸時代の古文書があるのに気付きました。

長い間、読む人もなかったため、シミ（紙魚）と呼ばれる虫に食われて、紙をめくると虫のフンがぽろぽろこぼれてくるような、そして、虫に食われて、判読しませんと到底読み進めない古文書を一枚一枚ていねいにひき離しながら時間をかけて読んで行きました。その古文書の大半が、歴代遊行上人の遊行を記録した二百冊ばかりの遊行日鑑および藤沢日鑑だったのです。このころ、いつの日か時衆年表を出したいと考えるようになった、と年表の後書に記しています。戦争が終わり、昭和二十三年に真光寺ご院代となりましたが、年表作製の作業は、法務の暇を縫って営々と続けられました。

古い方の中にはご記憶の向きもあるかもしれませんが、戦災で焼け野原となった境内の一角、ちょうどいま私たちが座っているこの辺りに板葺きの小さな仮本堂兼庫裡が建ち、ご院代が寝起きをしていた八畳ばかりの部屋がありました。ちょうど池の向かい側です。その部屋の縁側の隅に、古文書が積まれていました。それが遊行日鑑と藤沢日鑑でした。

本山のお文庫から借り出して、読み終わって記録がすむと、本山へ送り返していました。遊行、藤沢日鑑といっても本山はたびたび火事で焼けていますので、宝永七年（一七一〇）以降、せいぜい百五十年間ばかりの記録です。しかし、誰かが記録しない限り、いつ焼けてしまうか分かりません。これから時衆史を研究する人たちのためには、年表はどうしても必要だ。自分はそのための捨て石になる、と常々話しておりました。そうして一遍上人と時衆が、日本仏教史のなかで正当に評価されないのは、いまの時宗に力がないということもありますけれども、時衆を研究しようにも、手がかりとなる基礎研究書がないからだ、とも言っていました。

いま、日本の中世史を取り上げた研究書で、時宗に触れない本はまずありません。とくに若い研究者の間では、時宗はさまざまな意味で関心を集めています。この春、時宗史研究グループの若い研究者二人が相次いで私の寺へ来て、寺の歴史について取材して行きました。三十歳代後半の高校教員でした。それから、これは数年前ですけれども、大学の助教授クラスを中心に一遍聖絵研究会がスタートし、あの国宝聖絵を、いろんな角度から研究しようとの動きも出ています。もちろん、時宗とは全く無縁だった人たちです。ご院代が生きていたら、どんなに喜んだことでしょうか。

話を本筋に戻しましょう。戦後、時宗史の発見で最も大きなものを挙げよといわれましたら、私は昭和四十六年に岩手県北上市で見つかった、一遍上人の祖父で、承久の乱に敗れたため奥州へ流された河野通信のお墓と、いま話そうとしています熊野萬歳峰の一遍上人名号碑の発見を挙げます。名号碑の話は、一遍上人の最初の弟子で上人とともに遊行の旅をともにし、後継者として時衆教団の確立に生涯をかけた二祖真教上人が、熊野本宮に奉納した奉納縁起記に書かれています。

嘉元四年（一三〇六）六月のことで、一遍上人が亡くなって十七年後ですから、真教上人は師の十七回忌を期して編集されたのでしょう。絵を制作したのは掃部助入道心性と子息藤原有重で、十巻あったとありますが、残念ながら絵巻は現存していません。本宮は、明治十二年の大雨で押し流されて現在地に移りました。その時に流失してしまったのでしょうか。ただ真教上人が書かれた詞書は、写本して伝わっています。その中に、名号碑のことが次のように書かれています。

「一、其の後、また夢想の告ありて当山に参詣し給ひ参籠し給ふこと三七日。終わりて後、萬歳之峰において石の卒都婆を立つ。之を吉祥塔と名付く。聖親しく名号を書し、自らの手でその文字を彫る。この石、尋常の石に非ず。乃ち権現の本地金剛童子これなりと云々。名を聞く者は怖畏急難を離れ、体を見る者は必ず安楽に生ず。萬歳とは長久の名を顕わす。石の体とは不朽不損の形なり。往反の貴賎において、甚深の縁を結ばんがため峰頭樹下に建つ。堂なく社なきはこれ下化衆生の至極なりと云々。これ乃ち甚深秘蔵の義なるが故に、人これを知らざるものなり。夢想の密語たるによって、これを予に示し給ふなり」

つまり、一遍上人は夢のなかで熊野権現から萬歳峰の頂きに名号碑を建てよとのお示しを受け、それに随って名号碑を建立したのだから、単に名号を彫った石ではなく、熊野権現のご神体そのものであり、拝めば必ず極楽往生ができる。一遍上人はそのことを私に教えてくださった、というのです。

このように、時衆にとっては大事な名号碑であるにもかかわらず、いつしか忘れ去られてしまったのです。それは、アリの熊野詣でとまでいわれて賑わった熊野参拝が、次第にさびれて行ったこととも関連するでしょう。ましてやこの萬歳峰のコースは小雲取越といって、熊野詣でのメインコースである中辺路から離れた近道のひとつです。

一遍上人在世のころは、相当の利用者があったようですが、次第にさびれてしまったらしいのです。宗内では、いつしか湯峰温泉の摩崖石に刻まれた「爪書きの名号」がそれであると誤って信じられ、それが定説のようになってしまっていました。歴史というのは怖いものですね。

先ほど申し上げましたように、ご院代が空襲警報のサイレンにおびやかされながら、本山で虫食いだらけの遊行日鑑を読み進めているうちに、宝暦十年、時の遊行五十二代一海上人が萬歳峰にのぼり、一遍上人の名号碑に参拝したという記事にぶつかったのです。宝暦十年といえば一七六〇年、ざっと二百年前のことです。二百年前に萬歳峰に名号碑が存在していたのなら、いまも同じ場所にあるのではないか、それがご院代の名号碑捜しの始まりでした。

昭和三十八年、熊野市教育委員会に資料を添えて、名号碑捜しを依頼しましたところ、翌三十九年六月、熊野市文化財専門委員の平八洲史さんから、萬歳峰の峠に「桜地蔵のナンマンダブツ」

と呼ばれている名号碑があり、それが一遍上人名号碑らしいと連絡が入りました。その年の十月、ご院代から、名号碑確認のため熊野へいっしょに行ってくれぬかと依頼がありました。当時、私は朝日新聞大阪本社で紙面編集の仕事をしていましたので、会社を休んで同行しました。昭和三十九年十月といえば東京オリンピックのあった直後で、五輪のためにプロ野球の日本シリーズが例年より遅れ、宿のTVで阪神―南海戦をやっていたのを覚えています。

新宮で平さんら地元の郷土史研究グループの三人と会い、タクシーで志古というところまで熊野川沿いをさかのぼり、山の中に分け入ったのですが、先頭に立った清水さんという地元の方が山刀を振るいながら急坂を登ります。秋のことですから、クマとマムシに注意してくれと脅されていましたので、内心はびくびくでした。私は三十六歳でしたが、ご院代は六十七歳と、ちょうどいまの私ぐらいです。山道はこたえたと思います。

なんべんか休みながらようやく坂が終わり、杉の植林を抜けますと、苔むした桜の老木が倒れていて、石のお地蔵さんが立っておられました。名号碑は、お地蔵さんと背中合わせに建っておりました。その一帯は新しく植林をするために、雑木が全部伐り倒されていて、そのはるか向うに、果無山脈の山々が黒々と横たわっていました。

萬歳峰に建つ一遍上人の名号碑（平成８年５月27日写す）

昭和39年６月８日に確認された当時の一遍上人の名号碑。倒れた老桜の枝に抱きかかえられるようにして建っていた　（左は父　望月華山）

一遍上人がここに名号碑を建てられたのは、弘安三年か、弘安九年かと推定されています。どちらにせよ、六百八十四〜六百七十八年の歳月が流れているのです。名号碑の周囲の草を抜き、持参した餅と果物を供え、線香を手向けてまず勤行いたしました。

七百年という長い時を隔てて、自分はいま、一遍上人が自らの手で彫られたという名号碑の前にいるのだ、と思いますと、涙が流れて流れて、私は声が出ませんでした。ご院代の誦経が、静かに静かに、熊野の山々に流れて行くのを、まるで夢のなかのようにべったり座り込んで聴いていたのです。あの日の感動を私は生涯忘れないでしょう。

その時、ご院代は拓本道具と数枚の拓本用紙を広げて拓本をとりました。いま真光寺や薬仙寺さんに残っているのはそのときのものです。私も一枚もらって、大切に保存しています。

その夜、ご院代は三人の郷土史家の方々を湯峰温泉のあづま屋へ招待し、翌日、みんなで熊野古道の発心門から伏拝まで歩き、昔、本宮のあった辺りを拝んで別れました。私たちは、すぐに兵庫へ帰る予定だったのですが、余程うれしかったのでしょう、もう一晩、熊野に泊まりたいというのです。本宮から川湯温泉へ出て、たしか富士家という旅館に泊まりました。折りしも満月が皎々と照って、電気を消しても部屋のなかは昼のようでした。前夜は山登りの疲れでぐっすり眠りましたのに、その夜は興奮したせいもあるのか、なかなか眠れず、明け方近くまで話し込んでしまいました。

あれから、茫々三十二年が経ちます。昨年夏、私は三十一年ぶりに萬歳峰を訪れ、名号碑に合掌しました。上り口の志古にはジェット船の乗場ができ、乗下船の人たちで賑わい、名号碑のすぐ上のところまで林道ができて、大型バスは無理ですが、中型なら車のままで行けるようになっていました。

私たちが山刀を先頭に、あえぎながら登った山道は、深い木立のなかに消えて、林道からは見つかりませんでした。あの時、名号碑をかばうようにして倒れていた苔むした桜の老木は、もちろんもう姿を消していましたが、奉納縁起記に、二祖上人が記された「峰頭の樹下」の樹とは、あの桜ではなかったでしょうか。七百年の間、名号碑を守り続けた老桜は、名号碑が再び世に出るのを見届けて消えて行ったのではないでしょうか。そのように思われてなりません。

ウグイスが一羽、私たちが立去るまで、鳴き続けていました。

一遍上人関係略年表

和暦	西暦	一遍年齢	一遍関係事項	その他関連事項
治承四	一一八〇			源頼朝、挙兵。
文治元	一一八五			壇ノ浦の戦い。河野通信、活躍。
建久九	一一九八			法然、『選択本願念仏集』を著す。
正治元	一一九九			栄西、鎌倉下向。
建永元	一二〇六			重源、没。
建暦二	一二一二			法然、没。
建保三	一二一五			栄西、没。
承久三	一二二一			承久の乱。河野通信、没落。
貞応二	一二二三			河野通信、奥州江刺で没。
元仁元	一二二四			北条泰時、執権となる。
延応元	一二三九	1	伊予国道後で誕生。幼名は松寿丸。	
仁治三	一二四二	4		北条泰時、没。『東関紀行』成立。
寛元四	一二四六	8		北条時頼、執権となる。
宝治元	一二四七	9		道元、鎌倉下向。

二	一二四八	10	母、没。	良忠、関東での布教を開始。
建長三	一二五一	13	修行のため九州へ行く。聖達・華台に学ぶ。	
四	一二五二	14		道元、没。
文応元	一二六〇	22		日蓮、『立正安国論』を著す。
弘長元	一二六一	23		聖戒、誕生。
三	一二六三	25	父如仏（河野通広）没のため、伊予国に帰る。	北条時頼、没。
文永四	一二六七	29		忍性、鎌倉極楽寺の開山となる。蒙古の国書が来る。
五	一二六八	30		北条時宗、執権となる。
八	一二七一	33	信濃国善光寺に参籠。二河の本尊を感得。秋から伊予国窪寺にこもる。「十一不二の頌」を作る。	
文永十	一二七三	35	伊予国菅生の岩屋に参籠。	
十一	一二七四	36	遊行に出発。四天王寺、高野山に参詣。熊野本宮に参籠して神託を得る。「六十万人の頌」、「六字無生の頌」を作る。	蒙古襲来（文永の役）。
建治元	一二七五	37	伊予国を遊行。	
二	一二七六	38	九州を遊行。	

三	一二七七	39	他阿弥陀仏真教、九州にて入門。	
弘安元	一二七八	40	伊予国から安芸国厳島に至る。	
二	一二七九	41	京都に入り、因幡堂に宿す。信濃国佐久郡で踊り念仏を開始。	聖達、没。
三	一二八〇	42	奥州江刺で祖父河野通信の墓に詣でる。	
四	一二八一	43	奥州松島・平泉を経て、常陸国・武蔵国を遊行。	蒙古襲来（弘安の役）。
五	一二八二	44	鎌倉に入ろうとして拒まれる。片瀬竜ノ口に滞在。伊豆国三島神社に参詣、東海道を遊行。	日蓮、没。
六	一二八三	45	東海道を遊行、尾張国萱津宿から甚目寺に至る。	
七	一二八四	46	京都に入り、四条京極釈迦堂・因幡堂・六波羅密寺・市屋などを巡り、桂にも赴く。	北条時宗、没。
八	一二八五	47	丹後国久美浜・但馬国くみ、因幡国・伯耆国を経て、美作国一の宮に至る。	霜月騒動（城の禅門の乱）。
九	一二八六	48	摂津国四天王寺・住吉大社・河内国磯長陵・大和国当麻寺・山城国石清水八幡宮などに参詣。播磨国を遊行、教信寺に参詣。	良忠、没。

三	一二七七	39	他阿弥陀仏真教、九州にて入門。	
弘安元	一二七八	40	伊予国から安芸国厳島に至る。	
二	一二七九	41	京都に入り、因幡堂に宿す。信濃国佐久郡で踊り念仏を開始。	聖達、没。
三	一二八〇	42	奥州江刺で祖父河野通信の墓に詣でる。	
四	一二八一	43	奥州松島・平泉を経て、常陸国・武蔵国を遊行。	蒙古襲来（弘安の役）。
五	一二八二	44	鎌倉に入ろうとして拒まれる。片瀬竜ノ口に滞在。伊豆国三島神社に参詣、東海道を遊行。	日蓮、没。
六	一二八三	45	東海道を遊行、尾張国萱津宿から甚目寺に至る。	
七	一二八四	46	京都に入り、四条京極釈迦堂・因幡堂・六波羅密寺・市屋などを巡り、桂にも赴く。	北条時宗、没。
八	一二八五	47	丹後国久美浜・但馬国くみ、因幡国・伯耆国を経て、美作国一の宮に至る。	霜月騒動（城の禅門の乱）。
九	一二八六	48	摂津国四天王寺・住吉大社・河内国磯長陵・大和国当麻寺・山城国石清水八幡宮などに参詣。播磨国を遊行、教信寺に参詣。	良忠、没。

十	一二八七	49	中国地方を遊行。播磨国書写山・松原八幡宮・備後国一の宮に参詣。	
正応元	一二八八	50	伊予国を遊行、菅生の岩屋・繁多寺などを巡る。大三島神社に参詣。	
二	一二八九	51	阿波国で病気となる。淡路国から明石を経て摂津国兵庫観音堂に至る。所持の書籍などを火に投じ、八月二十三日、没。真教、一遍の後継者を称す。	
三	一二九〇			叡尊、没。

（略年表と見返しの地図は、いずれも「吉川弘文館『一遍』大橋俊雄著、人物叢書・日本歴史学会編集」から作成）

朝日新聞社入社のころ

全国通信局長会議で

若き海軍上等飛行兵
(昭和19年、16歳)

あとがき

私の父真光寺御院代・望月華山が亡くなりましたのは昭和四十八年十月三十日のことでした。亡くなる二ヵ月前、真光寺を訪れた際、父は私を応接室へ呼び、京都・極楽寺の住職になってほしいこと、そして私が朝日新聞社を退職後、一遍上人および時宗の研究をしてほしいこと、などを申しました。

当時、私は朝日新聞岡山支局長をしておりましたが、それまで父からの「寺へ帰ってこい」という再三の要請をすべて拒んでいました。しかし、死を目前にした父の顔を見ていると、どうしても「ノー」といえなかったのです。私が首を縦に振った時、父はとてもうれしそうな表情をしました。なにやら度重なる親不孝の万分の一の罪亡ぼしをしたような、そんな思いでした。

あれから二十四年が経ち、ことしは父の二十五回忌を迎えます。私は思いもよらずこの一月、入院先の京都府立医大で大腸がんの宣告を受けました。それはまさに青天の霹靂でした。かねて、死に対する覚悟はできていたはずなのに、正直いって激しい心の動揺を抑えることができませんでした。その動揺を静めることができたのは、一遍上人語録の「大地の念仏」という言葉でした。そうです、私たちの魂は「母なる大地」「母なる南無阿弥陀仏の世界」から生まれ、やがて「母なる南無阿弥陀仏の世界」に帰って行くのです。一遍上人のこの一言が、私を奈落の底から救い上げてくださったのです。

朝日カルチャーセンターを定年退職した後、私は京都教室で一遍上人講座を開かせていただきました。三年前のことです。今回のがん治療入院をきっかけに、その講座の下書きをまとめて本にしたいということで、いまカルチャーセンターの皆さんや、妻や息子たちが協力してその作業をしてくれております。講座の下書きといいましても、三年間全部のものを印刷するわけにはいきません。とりあえず最初の一年間の講座をまとめることとしました。

改めて読み返してみますと、非常に未熟な点や、いたらぬところばかりが目について、これを出版することにためらいを感じずにおれません。しかし私にはもう残された時間がありません。小さいところには目をつむり、とにもかくにもこれを本としてまとめてみることにいたしました。講座を始めたころは、胸の中で長い間温めていた一遍上人像を、まるでお蚕さんが糸を紬ぎ出すように綴っていった、そんな感じがいたします。そのために多少思い込みが激しかったり、上滑りした点があったかもしれません。

近年、若い研究者たちの手によって一遍上人や時宗の研究が進められています。現に私のところにも何人かの人たちがやってこられ、質問をしていかれました。これらの人たちがこれから時宗のことを、新しい目で切り開いてくださることを心から願っております。

二十四年前に父と交した約束のことを思いますと、私は自らの勉強不足を痛感せずにはおれません。父には大変申し訳ないと思っておりますが、しかしせめてこの本が出ることで、その約束の一端を果たすことができるのではないかと思っております。

この本を出すにあたって、妻や息子たちが懸命に努力してくれたことはもちろんでありますが、私が朝日カルチャーセンターを定年退職する際に一遍上人講座を始めるよう強く勧めて下さった恩師の故二葉憲香先生に、改めて心よりの感謝の念を捧げます。

ベッドに仰臥して録音機に口述しながら、懐かしい人たちのお顔を思い浮かべております。本当に本当にありがとうございました。お一人おひとりにお礼を申し上げねばならないのにその時間がありません。どうぞお許しください。まことに拙いものですが、一遍上人とはどんな人でどんな思想を持ち、どんな行跡を残されたのか、手がかりの入門書としてお読みいただければ、これほどの喜びはございません。

六道輪廻の間には　ともなふ人もなかりけり
独むまれて独死す　生死の道こそかなしけれ
（一遍上人）

平成九年四月二十一日、京都府立医大附属病院病棟で

合掌

【著者紹介】
望月宏山（もちづき・こうざん）
1952年、朝日新聞社入社
松江、岡山両支局長を経て大阪本社通信部次長、調査部長、地方版編集長、校閲部長などをつとめ、1985年に定年退職
元朝日カルチャーセンター京都館長
極楽寺住職
極楽寺中興五十世中僧正
桂光院其阿上人宏山老和尚
平成九年八月二十五日（命日）

一遍　その鮮烈な生涯

2023年2月28日発行

著　者　望月宏山
発行者　向田翔一

発行所　株式会社22世紀アート
〒103-0007
東京都中央区日本橋浜町3-23-1-5F
電話　03-5941-9774
Email: info@22art.net　ホームページ：www.22art.net

発売元　株式会社日興企画
〒104-0032
東京都中央区八丁堀4-11-10 第2SSビル 6F
電話　03-6262-8127
Email: support@nikko-kikaku.com
ホームページ：https://nikko-kikaku.com/

印刷
製本　株式会社PUBFUN

ISBN：978-4-88877-168-9